"我经常被问起，法拉利制造的赛车所取得的最辉煌的胜利是哪一场？而我总是回答：最辉煌的胜利永远是下一次的胜利。"

恩佐·法拉利

世界经典名车译丛

ferrari
an italian legend

跃马传奇
法拉利经典名车鉴赏

【意】罗贝托·波涅多（Roberto Bonetto） 编著　　王若冰　译

目录
Contents

| 神话起源 | 12 | 20世纪60年代　汽车的关键期 | 76 | 20世纪90年代　GT跑车的崭新构想 | 166 |

1947年　传奇诞生 ... 28
 Auto Avio Constructions 815 ... 30
 法拉利 166 ... 34
 法拉利 342 America ... 42
 法拉利v 212 Export ... 46

法拉利 250 GT SWB ... 78
法拉利 250 GTO ... 84
法拉利 275 GTB ... 88
法拉利 250/330 Le Mans ... 98
法拉利 330 GT 2+2 ... 106
法拉利 Dino 206 ... 112
法拉利 365 GT 2+2 ... 118
法拉利 365 GTB4 Daytona ... 122

法拉利 456 GT ... 170
法拉利 F355 ... 174
法拉利 512 M ... 180
法拉利 F50 ... 184
法拉利 550 Maranello ... 192
法拉利 360 Modena ... 196

20世纪50年代　喧嚣的岁月 ... 54
 法拉利 375 America ... 56
 法拉利 250 GT California ... 68

20世纪70年代　严苛背景下的期待 ... 128
 法拉利 308 GTB ... 130
 法拉利 512 BB ... 134

21世纪初　超级跑车的时代 ... 204
 法拉利 550 Barchetta Pininfarina ... 206
 法拉利 Enzo ... 210
 法拉利 F430 ... 220
 法拉利 612 Scaglietti ... 228
 法拉利 458 Italia ... 232
 法拉利 California ... 238
 法拉利 599 GTO ... 246
 法拉利 Four ... 250
 法拉利 458 Spider ... 256
 法拉利 F12 Berlinetta ... 260
 法拉利 LaFerrari ... 265

20世纪80年代　蓬勃发展的十年 ... 140
 法拉利 Mondial 8 ... 142
 法拉利 Testarossa ... 146
 法拉利 288 GTO ... 152
 法拉利 F40 ... 156
 法拉利 348 TB/TS ... 162

作者介绍与索引

3　330 TRI/LM 车头近照，这辆车是 1962 年勒芒 24 小时耐力赛冠军得主，最近在一场拍卖会上，一辆和它相仿的车以将近七百万欧元的天价卖出，这是法拉利至今最高的成交价。

4-5　California 是 Spider 系列中最优美的车款之一。1957 年，法拉利听从希奈蒂的建议，亲自委托法兰克·斯卡列蒂为热爱运动、渴望极速快感的顾客打造了 107 辆。

6-7　1995 年问世的 F50 是为竞赛所设计的，而后成为一辆无可匹敌的 GT 跑车。该款车使用复合材料以一级方程式赛车的技术打造，并搭载 4.7 升、520 马力（1 马力 ≈ 0.74 千瓦）的 V12 发动机，一共生产了 349 辆。

8-9　2002 年上市的 Enzo 外观呈现特殊的 F1 赛车曲线，搭载 6 升、660 马力的 V12 发动机，是集机械学、空气动力学和电子学等工艺于一身的作品；这款"复合式跑车共生产了 399 辆，并且在全世界获得巨大的反响。

10-11　设计加油口并兼作驾驶席小型防滚架的"流线型"车尾，形成了法拉利跑车外观的独特线条之一，此特色在 1957 年推出的 315S 上尤为显眼。这辆车同时也是最后一届意大利一千英里（1 英里 ≈ 1.6 千米）耐力赛的优胜者。

神话起源

1947年5月25日，法拉利公司将第一次世界大战飞行员弗兰西斯卡·巴拉卡（Francesco Baracca）座机的跃马徽章作为标志，以新车款Sport 1500赢得了罗马大奖赛。在此之前，这家靠着为军队提供零件、生产磨床和车床而熬过第二次世界大战的小工厂还鲜为人知；到了1947年，曾于1924年至1929年间担任阿尔法·罗密欧赛车手、后来出任车队经理的法拉利创始人恩佐·法拉利，终于得以再度耕耘自己的梦想——赛车。

法拉利的第一辆赛车是由乔克诺·克罗布（Gioacchino Colombo）所设计的，这位恩佐在20世纪30年代任职于阿尔法·罗密欧车队时认识的技师，提出了一个疯狂的想法：制造一辆除了能作为赛车，还可以合法上路的汽车，这辆车还要搭载12缸发动机——这个大胆的计划若能实现，必定会成为汽车史上最伟大的传奇。

后来，这家直到1940年都只有40名员工的公司，请来新设计师朱塞佩·布索（Giuseppe Busso），他尝试开发了某种机械系统，然而，虽然他对汽车机械的运算能力卓越，却无法适应马拉内罗的生活。他在自己的回忆录中证实："1946年中期，要在马拉内罗生活很不容易，燃料和电力都是配给的，要找到面包和面条填饱肚子也很困难，尽管如此，恩佐·法拉利仍然一枝独秀，是业界魅力独特、毋庸置疑的领导者，当我在1947年末离开马拉内罗……其实我是逃离马拉内罗的，完全没想到此后我心中对'指挥官'（Commendatore，意大利政府于1923年授予恩佐·法拉利的头衔）的敬仰和感激会与日俱增。"

恩佐·法拉利以他的技术和坚持实现了梦想，打造出一辆挂有他名字、属于他的车，1947年5月11日这一天，搭载12缸发动机的Spirit 125在皮亚琴察的赛道亮相。

P12-13　恩佐·法拉利，1924年6月3日摄于蒙扎赛道。这一年，阿尔法·罗密欧P2（6缸发动机，排量2升）以140马力和225千米/时的佳绩傲视群雄；时任阿尔法·罗密欧车手的恩佐·法拉利由于严重的精神紧张并未参加这一年的大奖赛。

不过，初登赛场的战绩并不理想，由备受信赖的车手佛朗哥·科特斯（Franco Cortese）所驾驶的赛车在还剩3圈就完赛的情况下退赛了。两周后，恩佐·法拉利带着他的125 S以及佛朗哥·科特斯在罗马大奖赛再度现身，并夺得首场重要胜利，为跃马标志写下了历史，而这只是无尽传奇的起点；由克罗布设计的12缸发动机，成为这家1943年从摩德纳迁至马拉内罗（摩德纳以南16千米）的年轻公司的特色，从此以后，法拉利生产的所有赛车和公路跑车，都看得见跃马标志。

12气缸的优异性能，和覆盖在这些传奇机件上方、出自宾尼法利纳（Pininfarina）、维格纳（Vignale）和图瑞（Touring）等设计团队之手的漂亮车身，迅速造就了法拉利在车坛的领导地位：知名车手、重量级经理人和美国富豪都成为这家年轻车厂的贵客。法拉利在1947年只生产了两辆车，转年有5辆，到了1957年则生产了113辆，就连当时年纪尚轻的詹尼·阿涅利也订制了一辆车——特制的蓝绿色166 MM Touring Barchetta，配有白色真皮内饰。从1948年的意大利一千英里耐力赛到勒芒24小时耐力赛，赛场上捷报频传，然而法拉利规划了更多远大的目标、追求更多的声望，还意欲打败F1的王者——也就是第二次世界大战前由法拉利工厂设计出来的阿尔法·罗密欧158；1950年至1951年间，阿尔法·罗密欧与法拉利在赛场上的竞争很激烈，而这段时间法拉利也生产了"指挥官"和他的美国代理商路易吉·希奈蒂梦寐以求的极致GT豪华跑车，包括212 Inter和340 America等经典车型，这些车辆并不容易驾驶，但是迷人至极，因为它们的发动机盖下藏了12个强而有力的气缸，驾驶它们是一大挑战。

法拉利还以四气缸的单座赛车500，包揽了1952年至1953年世界锦标赛的所有分站冠军；恩佐的赛车在欧洲无所匹敌，甚至参加了在美国印第安纳波利斯（Indianapolis）举办的赛事，不过成绩并不理想。

P14-15　1947 年问世的 166 SC 是法拉利最早量产的赛车之一，后来改装为 GT 跑车；这辆车的底盘是战前的特殊样式，在 1947 年的意大利一千英里耐力赛中由塔齐奥·努瓦拉力（Tazio Nuvolari）驾驶。

法拉利在欧洲各大经典赛事赢得不计其数的胜利，而这对维持车厂运营至关重要，即使在产量极低时也一样：1950年在马拉内罗只生产了26辆车、1960年增加到306辆，之后则在十年内达到年产量1000辆。

1954年是法拉利表现平平的一年：梅赛德斯重回F1赛场，并连续称霸车坛两年，然而法拉利仍旧坚持打造他理想的赛车，继续将跃马神话传播到全世界；不过此款车只生产了61辆。后来，法拉利推出了针对美国市场的GT车款，例如375或410 Superfast，以及第一代的250 GT；这些车款的尾标都是"Pininfarina"（取自获法拉利指定设计车身的宾尼法利纳工作室）。

1957年，四度拿下世界冠军的胡安·曼纽·方吉奥（Juan Manuel Fangio）驾驶着玛莎拉蒂250F，为F1带来了新的挑战，法拉利的两位年轻车手麦克·霍索恩（Mike Hawthorn）与彼得·科林斯（Peter Collins）奋战到最后一刻，但这位来自阿根廷的车手表现实在太优秀了，最后方吉奥以47岁高龄，带着5度世界冠军的头衔从赛场上退役；等到1958年赛季开始时，各方一致看好法拉利会在F1占尽优势。到了1966年，英国的库伯（Cooper）和莲花（Lotus）两家车厂推出先进、轻巧、搭载后置发动机的单座跑车，并将这些新技术应用在较"低级"的车型上；虽然库伯和莲花以新技术迎战，仍不敌法拉利新推出的Dino车系，Dino并非搭载12缸发动机，而是使用2升或2.5升的V6后置发动机——这个车系是法拉利与菲亚特达成一项新财务协议后的产物。

搭载12缸的豪华跑车一直是这家公司的声望和收入的主要来源，因此法拉利绝对不会就此放弃。1965年，法拉利生产了740辆车——对这家马拉内罗的小车厂而言是很了不起的数字，这些车的车主都会亲自前来取车，他们主要是国际名流和王室成员，从波斯的君王到好莱坞影星贾丽·古博（Gary Cooper），从瑞典国王到比利时王妃都名列其中；1957年Pininfarina车系开始生产，但是产量很少，当时大量生产的是赢得许多比赛的250 GT；到了1957年，由宾尼法利纳设计、斯卡列蒂打造的Berlinetta轿车与250 GT的销量都非常好，让这家仍以订制车为主的马拉内罗工厂出现了固定生产的车款；到了20世纪60年代初期，250 GT的热潮未减，而新的GT 2+2又更进一步扩宽了法拉利的客户，这时年产量已经达到601辆；此外，"指挥官"也在波隆那（Bologna）荣获荣誉工程学位——他对自己在这方面的成就向来引以为荣。

法拉利取得了不计其数的比赛胜利，盛世如日中天，即便如此，这家公司在1961年底还是遭受了一次严重的打击：有8名高级管理人员跳槽到其他公司。恩佐·法拉利曾经克服过更大的考验，所以他这次也毫不动摇，坚持走自己的路——在参与竞赛的同时，250 Berlinetta的跑车样式也维持生产，并且加装了时髦的GT跑车必备的配件：钢制车身（代替铝车身）、保险杠、曲面车窗，以及真皮内饰。恩佐·法拉利被迫接受英国赛车在F1占上风的事实，但同时也推出了他最奢华、最传奇的车款之一——250 GTO。这辆车称霸的不只有跑车竞赛，还有街车赛事（3度世界冠军），它是拍卖界的无价之宝，也是法拉利车队各种极限竞速经验的象征；乔托·贝隆里尼（Giotto Bizzarrini）的初步设计在莫洛·福尔杰里（Mauro Forghieri）的手中成功展现，这位当时年仅26岁的技师也一举成名；1963年，法拉利在跑车竞赛和F1赛场上的表现回稳，也拿下GT和原型车的车队冠军。当时生产的车款中以250 GTO最为顶级，特别是取代了短轴距Berlinetta的Luxury系列，但Luxury并不像250 GTO那样成功；1964年，既是赛车，又能当街车驾驶的250 LM让法拉利在F1（由约翰·瑟蒂斯夺得世界冠军）和跑车赛场上重振雄风，250 LM在两年内共生产了34辆；此外，还有另一款更高级的Berlinetta车款，它就是更适合开上路的275 GTB——排量为3286毫升，以一流技术打造，具有280马力，车速最高可达258千米/时。这个车系由宾尼法利纳设计，斯卡列蒂制造（到1968年为止，生产了500辆）。

P17　1964年，声望处于巅峰的恩佐·法拉利手握方向盘，坐在自家跑车里。这一年，法拉利无论在赛场上还是在商业上都大有斩获。

P18-19　275 Daytona的速度和续驶能力让它备受关注，尤其是在参加耐力赛时格外引人注目。此车款的"比赛生涯"始于1968年，在希奈蒂的要求下参加勒芒24小时耐力赛，并在1979年获得了24小时总成绩第15名；1971年，法拉利生产了15辆以铝合金和玻璃纤维打造的Daytona。

1967年，在跑车竞赛中，大鲸鱼福特（Ford）和小虾米法拉利针锋相对，整体的竞赛成绩是法拉利略胜一筹，但福特赢得了声望较高的勒芒24小时耐力赛；在市场上，小而美、搭载6缸发动机的法拉利Dino得到许多车迷的支持，而365 GT 2+2以及后置发动机的365 P等12缸车款也成功展现了法拉利的顶级造车工艺；1968年，法拉利在F1赛场上全军覆没，所幸千锤百炼、备受赞赏且令人惊艳的365 GTB/4 Daytona诞生了：这款车是由宾尼法利纳设计，具有352马力，最高车速可达280千米/时。

1969年出现了一个决定性的新局面：法拉利并入了持有法拉利50%股权的菲亚特汽车集团，然而，这个赛季却是法拉利表现最差的赛季之一。6缸的Dino主打GT车型，发动机排量增加到2419毫升，功率也从180马力提高到195马力，另外，更加强而有力的12缸跑车也纷纷推出，例如衍生自Daytona系列的365 Coupe和365 Spider；1970年，法拉利以312 B参加F1比赛，这辆车搭载水平对置12缸发动机，可输出460马力（这款车已经持续开发了11年，输出功率仍在提升中），理论上这辆车应该战无不胜，但那年的世界冠军奖杯却落到了莲花车队手中，而在"原型跑车"锦标赛中，则是保时捷独领风骚；此外令人着迷的12缸法拉利365 GTB也在此时问世；法拉利在1971年赢得的F1和跑车赛事仍然寥寥无几；跑车竞赛仍然由保时捷917主宰，而GT车款中，搭载后置水平对置发动机的BB原型车（365 GT/4 BB）后来成功量产了许多年，是法拉利的一大纪录。

1972年，法拉利在F1比赛中没什么成就，312 B2只取得了纽博格林赛道的胜利，不过在跑车竞赛方面，312 PB则是所向披靡；而GT车款新推出的365 GT/4 2+2外形也许不是最美观的，但其性能优秀，备受青睐；法拉利在1973年的赛车成绩不佳，不过值得一提的是365G T/4（即BB）开始量产——挟带着380马力和最高车速达到300千米/时的成绩，为法拉利的超级跑车设下了新的标杆；同时，小型跑车Dino也做了一些改变，推出了搭载V8发动机的双门四座版本（由博通设计车身）和双座的Berlinetta（由宾尼法利纳设计）。

1975年对法拉利而言是不可思议的一年：尼基·劳达、克雷·雷加佐尼（Clay Regazzoni）以312 T夺下了F1世界冠军；同一年,308 GTB问世，这款搭载8缸发动机、小巧又快速的Berlinetta是一个全新跑车系列的先驱者；1976年，法拉利一路领先，却在日本大奖赛痛失即将到手的F1世界冠军；这年生产的主力仍然是BB跑

车，以及旗舰车款GTA 400——这辆车非常抢手，在美国卖得特别好。待劳达走出纽博格林事故的阴影后，他驾驶312 T2重掌优势，摘下三个大奖赛分站冠军，以及1977年度的世界冠军。

1979年的312 T4成绩斐然，乔迪·舒赫特（Jody Scheckter）驾驶它拿下了F1世界冠军；1980年新推出的T5并没有在任何比赛中获胜；而搭载后置V8发动机，排量3升、215马力的四座GT跑车则摘下一个新的世界冠军头衔。

1981年，涡轮增压发动机的出现，打乱了F1的战况，法拉利的顶级车款500 BB就是一款涡轮增压车型，输出功率可以达到340马力；1982年法拉利万事俱备，他们对F1冠军势在必得，车队拥有搭载6缸涡轮增压发动机（600马力）、性能优异的126 C2和两位年轻、有胆识的车手——吉尔·维伦纽夫和迪德·皮佐尼（Didier Pironi）。然而这个赛季最后却是凄惨收场；在量产车方面，涡轮增压发动机也大大增强了"小"车208的性能，将输出功率提升到220马力，反观当年世界冠军的赛车也只配备了2升、240马力、32个气门的V8发动机；法拉利在1984年生产的车辆（2842辆）中，最值得夸耀的是顶级车型，例如搭载双涡轮增压发动机、400马力的288 GTO，这是Berlinetta车系中非常特别的一款；同时推出的还有搭载12缸Boxer发动机、390马力的Testarossa；

1986年，法拉利继续在F1赛车上使用涡轮增压发动机，并且将赛车的车速提高到342千米/时，却还是无法击败宝路斯（Alain Prost）所驾驶的Mclaren—Porsche赛车，这一年，GTB车款的2升、254马力V6发动机也加上了涡轮增压器。

1987年，法拉利车队聘请约翰·巴纳德（John Bamard）担任F1-87的总设计师，这辆单座赛车虽然很具有竞争力，却不太可靠，不过这辆车在杰哈德·伯格（Gerhard Berger）驾驶下，赢得了两个分站冠军（总排名为第五位）；这一年适逢法拉利成立四十周年，因此法拉利公司推出了名声响亮、"极致"的F40——一辆集合

工艺、设计和模范性能于一身的划时代跑车。拥有478马力的8缸双涡轮增压发动机和先进的空气动力学设计（大尺寸尾翼），让它的最高车速可达324千米/时。

1988年8月14日，恩佐·法拉利去世，享年九十岁，全公司亦处于悲痛之中。这一年法拉利得到了意大利大奖赛冠军，但杰哈德·伯格和米切尔·阿布力图（Michele Alboreto）的总排名分别只有第三和第五；1989年，F1-89诞生了，这款车具有每个气缸5气门、600~650马力的V12发动机，创新的空气动力学设计，最重要的是革命性的7档自动变速系统、手动控制换档，而这项技术后来也应用于GT车款；法拉利车队的新成员曼塞尔（Nigel Mansell）在巴西赢得了这年的第一个大奖赛冠军，后来在匈牙利再下一城，不过最后的总排名只得到第四；搭载涡轮增压发动机、具有300马力的348 TB/TS这年亦在市场和车展上亮相，而宾尼法利纳的Mythos概念车也首次露面。

1990年，普罗斯特（法拉利车队）和塞纳（迈凯轮车队）在F1赛场上的竞争十分激烈，最后两人的赛车发生了激烈的碰撞，而世界冠军由塞纳获得；到了1991年，塞纳和他的Mclaren-Honda赛车依旧占有相当大的优势，不过这次的竞争对手是威廉姆斯车队，而不是普罗斯特驾驶的法拉利，后来普罗斯特因为批评法拉利赛车而遭到解聘；1992年生产的车型中，以具有428马力并配有催化剂排气管的改款Testarossa最引人注目，这一年法拉利在F1的表现依旧令人失望，于是公司着手改良产品，推出传统式样的456，这辆车搭载了442马力的前置12缸发动机和可调节式悬架系统，最高车速也突破了300千米/时。

1995年：12缸发动机最后一次参加一级方程式锦标赛，车手阿雷西（Jean Alesi）只得到一个分站冠军，这年法拉利打出的王牌是绝无仅有的——F50 Berlinetta，它几乎就是一辆双座版的F1赛车，是为庆贺法拉利五十周年而提前推出的；这个限量生产359辆的车型搭载了4.7升、520马力的V12发动机，灵活度绝佳，最高车速可达325千米/时；"小车"355则是换上了电动顶篷，成为Spider系列。

P20-P21　法拉利本人曾经说过，312 T4是公司制造过最难看的F1赛车，不过多亏有新的空气动力学设计，这辆车为法拉利拿下了1974年的车队总冠军，乔迪·舒赫特（三个大奖赛冠军）也在吉尔·维伦纽夫（四个大奖赛冠军）的支援下得到了车手总冠军；312 T4的外形"怪异"，但其实每一处都别有用意：狭窄的车体和尖尖的车头可以提高平整车底引发的地面效应气流流速；为了让水平对置发动机515马力的功率发挥最大效用，法拉利在车身装上了宽阔的前翼及尾翼，形成"奇特"的空气动力学设计。

P21　上图 1990 年，普罗斯特（法拉利车队）和塞纳（迈凯轮车队）竞争激烈，最后塞纳赢得了世界冠军。本张照片摄于蒙扎大奖赛；680 马力的法拉利 F641 是当时最高的单座赛车，几乎垄断了公众的注意力。

1996年，接受法拉利重金礼聘（年薪约四百亿里拉）而来的两届世界冠军迈克尔·舒马赫展开了一段令人赞叹的旅程，接下来他驾驶着跃马战车，又拿下了五次世界冠军，量产车则迈出了重要的一步：马拉内罗生产的550车款，它完全符合法拉利的技术规格，拥有485马力的12缸前置发动机、手档变速器、后轮驱动系统，以及杰出的驾驶性能；1999年，量产车方面最特别的是F355 F1，搭载了移植自F1赛车的电子变速器；1997年，米卡·哈基宁带着他的Mclaren-Mercedes加入F1战场，并连续两年自舒马赫和法拉利310 B手中夺走世界冠军的头衔。

360 Modena在1999年面世，两辆跑车的"小小"创新之处在于铝合金制造的、拥有400马力的V8发动机；2000年时，法拉利车队终于以先进的F1赛车重返胜利之路，这辆赛车比之前的都要窄很多，也轻上许多，同时还更加有力（770马力）；法拉利与Mclaren-Mercedes的竞争并未停歇，但最后的结果仍是舒马赫以9场分站赛胜利赢得了世界冠军，也将车队冠军的头衔带回了马拉内罗；这一年法拉利生产了两款特别的Spider车型，分别是360与550 Barchetta，后者的产量只有448辆。

2001年的F1赛场上，法拉利的优势更加明显，他们双双摘下车队和车手的总冠军头衔（舒马赫取得9场分站胜利），量产车的成绩也很亮眼：550 Maranello升级成575 M Maranello（515马力），配备有序列式手动变速器，不仅如此，另一款顶级跑车——Enzo也发布了。这是一辆以F1赛车的创新手法打造出来的极致双座跑车：拥有碳纤维车身、660马力的12缸发动机、6档F1式变速器，以及卓越的稳定性；2003年是法拉利在F1比赛中丰收的一年，舒马赫在这年赢得了他的第六座世界冠军奖杯，新的F1车型F2003 GA（850马力）更加出色，但想赢得冠军却比预料中困难，幸好舒马赫最终还是超越了吉米·莱科宁驾驶的Mclaren-Mercedes赛车；之后612 Scaglietti发布——这是法拉利第一款采用全铝合金车身的12缸车型，发动机功率为540马力，最高车速可达315千米/时。

2005年是个不如意的赛季：世界冠军得主是雷诺的费尔南多·阿隆索（Fernando Alonso），不过法拉利也以550 Maranello赢得FIA GT世界锦标赛冠军，吐了一口怨气，而备受喜爱的Superamerica带着全新的电动顶篷重回市场；2006年，法拉利原本希望能从阿隆索和雷诺车队手中夺回世界冠军，可惜事与愿违，不过这年的产量创下了纪录：两千八百名员工一共制造了5671辆车（比2005年多出4.8%）；同年值得一提的还有接替575 M Maranello的Berlinetta 599 GTB Fiorano也发布了——排气量6升的Berlinetta被法拉利公司誉为"最美的跑车"，这辆车具有惊人的输出功率（620马力）。

2007年，法拉利车队在舒马赫退役后与莱科宁合作，重新出发，而莱科宁也赢得了世界冠军（与亚军只有1分之差！）——法拉利因此推出包含60个车款与不同颜色涂装的特别版本系列来庆祝胜利；2008年，法拉利有个幸运的开始：菲利普·马萨（Felipe Massa）原本可以在巴西赢得世界冠军，但在最后一场比赛却是由驾驶Mclaren-Mercedes的刘易斯·汉密尔顿（Lewis Hamilton）夺得了车手总冠军，不过车队冠军则是归法拉利所有；Spider车系的新款豪华跑车California也发布了——这款双门2+2车款为全金属硬顶敞篷，搭载经典的驱动系统、460马力的8缸发动机、缸内直喷供油技术、7档变速器，而且最高车速可达310千米/时，是法拉利的代表车款之一。

2009年，F1进行改革。因为之前的赛制特别考量了新进车队，也对它们特别有利，例如英美车队（BAR，本田车队的前身）就曾以极高的空气动力学效应击败过那些老牌劲旅。就法拉利量产车而言，这是很重要的一年，因为有两个车型投入生产：California和458 Italia；后者是一款性能优异、体积轻巧的8缸跑车，取代了2004年推出的、已经停产的F430。

2010年的变化是未来法拉利的基础。这一年阿隆索和法拉利原本很有机会获胜，然而后起之秀塞巴斯蒂安·维特尔（Sebastian Vettel）和红牛车队最终在紧张刺激的气氛中赢得了年度总冠军。

P23 进入维修站加油和换胎是F1大奖赛最重要的时刻之一，还可能是赢得比赛与否的关键；停车与起跑之间相隔大约25秒。此图为"车王"舒马赫的一号赛车在维修站，摄于2001赛季。

P24-25 推出就为法拉利拿下1962年第一个GT锦标赛冠军的250 GTO，其构想来自技师乔托·贝隆里尼，而他也为这款性能威猛的跑车设计了绝佳的车身，其粗犷的美感捕获了所有跑车迷的心；这款车仅生产了36辆，它曾三度赢得世界冠军头衔，和遍布世界各地的两百多场胜利，成为令人钦佩的赛车典范。

P26-27 法拉利V8跑车的升级款之一：430是360 Modena的后继车型，换上了强大的V8发动机（4.3升、460马力），并且依据地面效应做了最符合空气动力学的设计；2005年，430推出了Spider版本。

1947 年
传奇诞生

意大利在第二次世界大战战败后，工厂和技师再度为汽车制造业行动起来，尽管国家百废待兴，却也出现了最有效率的车商，例如菲亚特、蓝旗亚和阿尔法·罗密欧，这些厂家在1947年总共生产了大约4400辆汽车——其中产量最大的是菲亚特500/Topolino，另外有一些蓝旗亚的汽车，以及阿尔法·罗密欧的跑车车款Berlina和奢华车型2500；在意大利，最先卷起袖子开始重建的人之一——西西塔利亚公司（Cisitalia）拥有者、企业家皮埃罗·杜西奥（Piero Dusio）创立了一家专门生产跑车的工厂；当时在阿尔法·罗密欧赛车部门担任车队经理的恩佐·法拉利正在着手打造第一辆挂上自己名字的车——为了设计这辆车，法拉利找来战时就合作打造出知名车款Alfetta158的乔克诺·克罗布。于是，世界上第一台12缸发动机被设计（1945年）并制造出来（1946年9月26日），也为这家马拉内罗的公司奠定了日后的基础。第一辆真正的法拉利——125 S在1947年3月12日诞生，"指挥官"本人在马拉内罗工厂的空地亲自试驾了这辆车；两个月后的5月11日，佛朗哥·科特斯驾驶它在皮亚琴察赛道亮相，125 S开始取得了领先，却在距离比赛结束只剩两圈时退出了比赛，不过两个星期后，佛朗哥·科特斯就驾驶着125 S赢得了罗马大奖赛的冠军；到了6月21日，125 S也参与了战后首次举办的意大利一千英里耐力赛，但最后却以退赛告终；1948年和1949年，125 S的比赛过程都很理想，法拉利的成绩也一路领先。1947年，这家拥有140名员工的马拉内罗车厂只制造了3辆车；1948年则至少有6辆法拉利参加一千英里耐力赛——这在当时是最重要的比赛，而由克莱门特·比莱德利（Clemente Biondetti）和朱塞佩·纳沃内（Giuseppe Navone）所驾驶的166 MM赢得了冠军。同样在1948年，"大师"塔奇奥·努瓦拉力驾驶法拉利冲向他最后一场一千英里耐力赛并取得了领先，直到后来发生了机械故障，使得努瓦拉力不得不退出了比赛，也是在这一年，法拉利在马拉内罗完成了建厂；新版的"Barchetta" 166 MM轻松赢得了意大利一千英里耐力赛、环西西里岛赛，以及最重要的勒芒24小时耐力赛；漂亮的战绩也使得挂上跃马标志的汽车在国外备受肯定，这一年，166 MM总共参加了51场比赛，赢得了32场；名为125 GPC的F1赛车也首度亮相，而革命性的275 GP仍在研发之中，且略去了压缩机的使用，275 GP未来将给世界大奖赛带来重大改变，至于真正的量产化的公路跑车业务要到20世纪50年代才正式展开。

Auto Avio Constructions 815

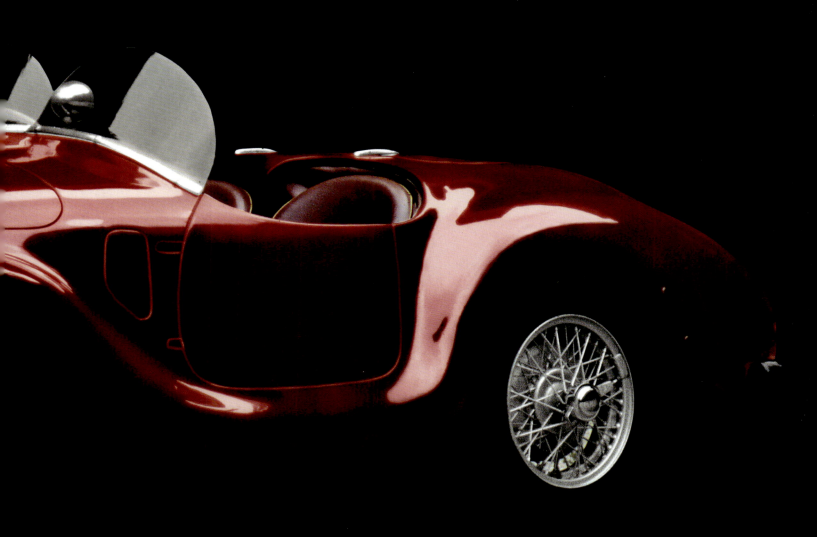

Auto Avio Constructions 815

由于战争一触即发，1939年绝不是推出新车款的好年头，更别说是赛车了，但战争也无法阻止恩佐·法拉利，即使未现身在镁光灯下，他仍然扮演着举足轻重的角色：恩佐·法拉利和他的团队曾经主导阿尔法·罗密欧的赛车活动长达十年之久，直到阿尔法·罗密欧面临其他问题，公司决定退出赛车界，并辞退了"指挥官"和他备受赞誉的车队；恩佐必须先想办法打造一台赛车，而当时他已经在计划打造完全属于他、挂着他名字的车了，尽管与阿尔法·罗密欧签下的竞业禁止协议有明文禁止，恩佐·法拉利还是着手开发新的发动机。当时意大利的形势是民情激昂：每家工厂都以供给军需为主，并在战事逐渐逼近之际生产出数以千计的汽车，但恩佐依然对赛车充满了热情，为打造出心中的梦幻车款努力筹集着资金，他四处寻找金主，也得到了一些有力的助手：阿尔贝托·阿斯卡里（他的父亲是20世纪20年代的杰出冠军车手之一，也是坎巴利（Campari）、博尔扎基尼（Borzacchini），以及恩佐·法拉利的竞争对手）和有意驾驶法拉利赛车参加1940年意大利一千英里耐力赛的洛塔里奥·马奇亚维利侯爵（Count Lotario Rangoni Machiavelli）；在"指挥官"的敦促下，阿尔贝托·马西美诺（Alberto Massimino）与维托里奥·贝伦塔尼（Vittorio Bellentani）这两位优秀的摩德纳技师只花了四个月就为这场比赛制造并调校了几辆赛车。资金方面，阿斯卡里似乎也投资了两万里拉。赛车活动和1940年的社会氛围格格不入，因此以布雷西亚为根据地的耐力赛在一条经过克雷莫娜（Cremona）和曼托瓦（Mantova）的封闭赛道上进行；赛道长度约165千米，参赛车辆必须完成9圈，也就是全程约1482千米。当时欧洲已经陷入战火之中，不过75名参赛者中，仍有一些来自德国，法拉利参赛的这两辆815赛车在布雷西亚耐力赛上铩羽而归——它们于4月28日星期日清晨四点出发，阿斯卡里在第一圈就退赛了，蓝格尼则是跑了八圈，两个月后，意大利也于6月10日参战，两辆815赛车自此分道扬镳：

1947年8月11日，阿斯卡里的那辆815在佩斯卡拉赛道（Pescara Circuit）参加比赛，同场竞技的还有第一辆"真正的"法拉利——搭载12缸发动机的125 S。

在物资匮乏的年代，实在不能奢望什么，815所能使用的也只有两位技师的设计能力和在阿尔法·科西嘉所积累下来的经验，但815仍是辆非常出色的车：以菲亚特508 C的零件组成、依照"指挥官"的突发奇想加以改装的底盘装有多孔翼梁和强化的车架横梁，尽可能减轻重量，并将8缸发动机的位置向中间移动，此外，车辆的其他部位也来自508 C；车辆净重535千克，整备质量625千克，815的8缸发动机是DIY精神的显著实例：恩佐以轻质的合金铸造了一台新的发动机，而驱动轴有5个支架；至于气缸盖部分，为了节省时间、设计和金钱，恩佐找到了一个创新、同时也借助过去经验的做法：将两个同样取自508 C的气缸盖结合起来，再加上508的4档手动变速器；另外还有传统的四边形悬架系统，后轮使用固定轴和钢板弹簧，并且为新车重新调校。

轻量化的合金车身出自当时与法拉利团队已经有合作关系的图瑞工作室之手，最终设计出来的是一辆完美的Spider——身形小巧，也能够少量生产，车身长约3.5米，是典型的意大利敞篷车（open-car）的款式，有非常明显的翼子板，以纵向的流线型设计连接，它的线条流畅、讨人喜欢，这都赋予了车身得天独厚的动感和个性；图瑞的负责人卡罗·菲利斯·比安奇·安德罗妮（Carlo Felice Bianchi Anderloni）当时身在军中，所以两辆815赛车的车身是他父亲菲利斯·比安奇·安德罗妮（Felice Bianchi Anderloni）的工作室监督打造的。意大利一千英里耐力赛之后，这两辆815分别经过多次转手，最终不知去向，然而正如前面所说，阿斯卡里驾驶的那辆815后来和第一辆真正的法拉利125 S一同出现在佩斯卡拉赛道，自1975年起，意大利艾米利亚（Emilia）的里基尼家族（Righini family）便一直拥有其中一辆815（可能就是阿斯卡里的那辆）。

P30-31　在图瑞工作室设计与制造出来的 815 车型，搭载的是经过菲亚特的标准零件改装，并经过法拉利大幅改良的部件；直列 8 缸发动机可以产生 72 马力，转速达到 5500 转 / 分。这一车型只生产了两辆，一辆给阿斯卡里驾驶（完整保存至今），另一辆给了洛塔里奥·马奇亚维力侯爵。

P32-33　815 的车尾将车后方封闭起来，是当年很具有代表性的设计；这辆以铝合金打造的双人跑车最高车速可达 170 千米 / 时。

技术规格
Auto Avio Constructions 815（1940年）

发动机：直列8缸
排量：1496毫升
缸径及行程：63 毫米×60 毫米
发动机质量：225千克
四联装化油器：32 毫米×36 毫米
4档手动变速器与发动机相连
车长：3750毫米
车宽：1530毫米
整备质量：625千克
最高车速：160~170千米/时
油耗：13~15升/100千米

法拉利 166

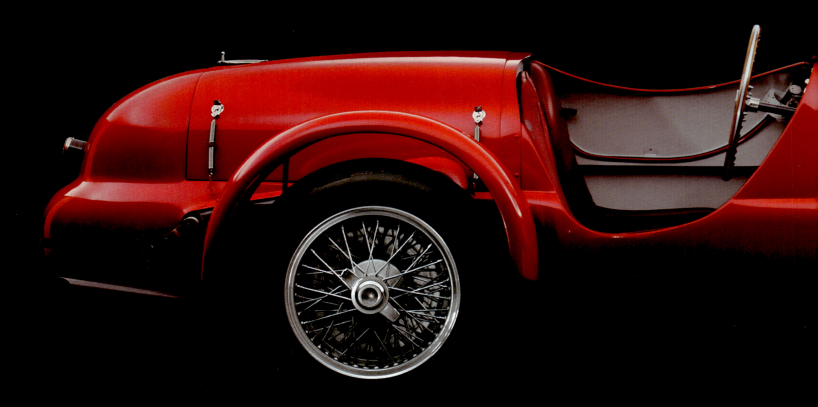

美梦成真

按照恩佐·法拉利的要求设计出一辆车并不容易,不过乔克诺·克罗布还是设法做出了一辆欧洲前所未见的12缸汽车。1947年5月,125 S开始参加比赛,然而法拉利初次正式登场,是在1948年9月的都灵国际车展发布法拉利166,当时发布了两种车身,图瑞展位展示的是一辆双门2+2跑车;法拉利展位上则是一辆Spider,并重新命名为Barchetta(意大利语为小船的意思),因为它特殊的身形就如同小船一样——从此以后,该昵称就一直跟着这个车型。Barchetta不仅参加赛事,还赢得了环西西里岛赛,以及最重要的意大利一千英里耐力赛冠军,"指挥官"也在自己的回忆录中如此形容那场胜利:"166是辆没有突出特点的传统汽车,因为我们只想打造一辆优秀的12缸汽车;我一向专注于发动机的重要性,对车身则不那么关心,因此我要尽力创造优异的输出功率和性能,这在比赛中毫无疑问占了一半以上的胜利因素。"12缸发动机对于恩佐来说是不可或缺的,但其他技师例如布索等人,也注意到这台发动机不够稳定,他们说大家本来或许都倾向使用比较可靠的V8发动机,但最终采用了12缸发动机的方案,发动机最初的问题也解决了。1949年,这辆车持续在最重要的考验场所——意大利一千英里耐力赛中取得了胜利。赛场上的胜利就是166 Barchetta最有力的展示,它表现了意大利人对赛车的雄心壮志,尽管有人对它的可靠性和性能有所批评,但它仍给了法拉利车手吉诺·马纳龙(Gino Munaron,1928-2009)相当好的印象;马纳龙与路易吉·希奈蒂相识,而希奈蒂在1949年邀请马纳龙从都灵驾驶他的166前往勒芒——"我欣然接受,结果我得到了一次非凡的体验。"马纳龙回忆道:"166是赛车中真正的明星,光是发动那台12缸发动机,就令人激动不已……那台V12发动机和它的140马力为驾驶带来了令人难以言喻的考验;就算在直线道路上,他们也必须小幅度转动方向盘来控制166,因此制动和加速时,车辆会以Z字形前进,需要真正的高手才能驾驭;它是一辆坚固而又纯粹的赛车,藏着许多只有冠军车手才知道的秘密;驶过弯道几乎就是一场生死的挑战,最优秀的赛手能够敏捷、优雅地驶过,而其他人则必须果断地进行烦琐的修正才行;无论是上坡还是下坡,它遇到弯道时都十分难以驾驶,车手一定要预先观察赛道,再频繁转动方向盘,控制好方向,改善出弯时必然会发生的方向偏离现象,这时外侧轮胎承受了大部分的车重,即使是后轮也一样,很容易就失去控制。这辆车的操控很精准,但也很费劲,需要全神贯注。我在1949年勒芒24小时耐力赛所驾驶的Barchetta,就是希奈蒂和塞尔斯登男爵(Lord Selsdon)赢得法拉利第一个24小时耐力赛冠军时所驾驶的那一辆。"

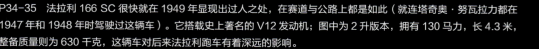

P34-35 法拉利 166 SC 很快就在 1949 年显现出过人之处,在赛道与公路上都是如此(就连塔奇奥·努瓦拉力都在 1947 年和 1948 年时驾驶过这辆车)。它搭载史上著名的 V12 发动机;图中为 2 升版本,拥有 130 马力,长 4.3 米,整备质量则为 630 千克,这辆车对后来法拉利跑车有着深远的影响。

P36-37 宽敞的右侧驾驶座可因比赛的需要而改成单人座,左边还有一道小门,右边则有充足的空间供驾驶员视情况而运用。

技术规格
166 SPORT（1948年）
发动机：60°夹角的V12
排量：1995毫升
缸径及行程：60毫米×58.8毫米
发动机质量：225千克
单组或三联装化油器：32毫米×36毫米
输出功率：130马力（6500转/分）
5档手动变速器
车长：4340毫米
车宽：1350毫米
车高：1340毫米
整备质量：630千克
最高车速：150~180千米/时
油耗：18~20升/100千米

P38　上图，166 Sport SC 搭载了12缸发动机，每侧有一个顶置凸轮轴，三联装韦伯（Weber）化油器提供混合气。

166制胜的关键是什么？选择它的人，无论是赛车手或是一般买家都毫无疑问地回答：就是发动机的卓越品质。这款在比赛中进行首次测试的发动机成为主角，是所有"货真价实"的法拉利跑车不可或缺的一部分；法拉利赢得了不计其数的赛事（足足有150场）后，其他意大利车身制造厂也纷纷要求和法拉利合作，166不再是图瑞的独家代表作，法利纳、吉亚（Ghia）、博通等厂家，尤其是维格纳，都提出了在法拉利工厂里无法做出的车身样式（当时的恩佐根本不屑于自己制造车身）。

Barchetta Tourer的车身线条并无与众不同之处，但它保留了一种毫无缺点、朴实，而且永恒的经典。

除了12个气缸之外，其他机械部件颇为简单，这是考虑到战后的情况，以及当时的科技首要着重于改善生活的便利程度，而不是满足运动方面的目的。最早的166车身有两组粗大的纵向翼梁，在这个主要结构上，所有强化零件——口径较小的管线、横向的部件等——形成一个刚性非常强的结构，悬架系统、制动系统和发动机就搭载其上。1949年时使用的传统悬架系统一般都是：四边形结构，前悬架装有横向弹簧，后悬架则包括一根刚性连杆与纵向安装的弹簧；鼓式制动很可靠，但不一定耐用，不过当时的赛车都大抵如此。128 C型发动机是稀有的顶置凸轮轴V12发动机，它考量了买家对速度与性能的渴望，多年来持续改进，不断提升功率和转矩；这款由乔克诺·克罗布打造、兰普蕾蒂大幅改良的V12发动机一直是意大利手工制造的杰出范例。

P38-39 容量75升的油箱及15英寸（1英寸=0.0254米）的备胎放置在宽敞的车尾。

P40-41　1948 年，166 MM Sport 原型车一经推出便证明了其 12 缸发动机的优异性能，图瑞设计的经典车身也在法拉利的历史中留下了一笔。

P41　上图 166 Berlinetta 和 166 Mille Miglia 于 1950 年日内瓦车展发布。

法拉利 342 America

技术规格
340-342 America（1951年至1953年）

发动机：60°夹角的V12
排量：2563毫升
缸径及行程：80毫米X68毫米
发动机质量：225千克
三联装40 DCF化油器
输出功率：200马力（5000转/分）

4档变速器
车长：4100毫米
车宽：1500毫米
车高：1380毫米
整备质量：1200千克
最高车速：240千米/时

出征美国

恩佐·法拉利怎么可能抗拒美国对高品质跑车（就像马拉内罗制造的那些）的诱人需求？法拉利跑车采用纯手工生产，每年只限量制造大约十辆，所以能灵活修改，以符合各种市场要求。此外，老练的车手兼经理路易吉·希奈蒂也在美国负责保持美国富豪对法拉利的兴趣，他随时都准备好迎接法拉利赛车进入这个由老式、漂亮的英国车所主宰的地区，此时的德国制造商依然专注于重建工厂，至于真正"美国制造"的跑车则几乎完全不存在。法拉利在赛车场上声名远播，所以要把这些甚至曾出现在热门电影中的马拉内罗之宝卖给美国富豪（虽然人数并不多）并非难事。

美国市场对法拉利推出的新车系反应很热烈，也为马拉内罗的金库带来了大笔进账。首款340 America在1951年3月的都灵国际车展亮相，它搭载了所谓"兰普蕾蒂"家族最新的4101.66毫升发动机，这台发动机很适合法拉利，并注定在之后的数年横扫赛场、取得重大的成功。意大利的车身制造厂为这台发动机独一无二且力量十足的12缸深深着迷，专注打造美丽的身体。340 America的名字显示该车型发动机单缸排气量为340毫升，而总排气量则是4102毫升。由图瑞打造的车身在马拉内罗又掀起了一阵风潮，而且将功率一举推进到220马力（6000转/分），这种动力在当时的赛车界简直令人难以置信，至于其他的法拉利跑车，吉亚打造了一款340 America的双门2+2车身（从其他原型车复制而来），而这个车款也被阿根廷总统贝隆（Juan Peron）纳入自己的收藏。维格纳特别制造了较为动感的款式，宾尼法利纳没有参与这个项目，但全心全意地投入到后继车型的设计中。

从1951年至1953年，法拉利生产的77辆车中有22辆是340 America，而它们也立刻赢得由路易吉·维洛雷西（Luigi Villoresi）出战的1951年意大利一千英里耐力赛。和之后的葡萄牙大奖赛的冠军，展现了其实力。颇具竞争力的性能加上无懈可击的意大利精致车身制造工艺，让这款车大获成功，而这样的成功也在后继车型342系列上延续（总共生产了6辆）。342具有和340一样的机械特征，但是改了型号并将功率减少了20马力，好让车辆操控起来更容易、更有乐趣。这个新车款也有着那个年代的法拉利跑车特色：高价车买主所期盼的真皮内饰和尚可接受的空间比例。后者没有照顾到乘客，直至海外客户开始要求更宽敞的空间才有所改善。前座十分舒适，后座在舒适度上就得做一点牺牲了（就另一方面来说，法拉利的买主都具有明显的特质）。仪表板几乎全部以金属制成且未经修饰，仪表板上有两个大仪表（速度表和发动机转速表），以及一排控制其他功能的拨杆。位于右侧的驾驶座清楚显示它的赛车血统，另有几乎水平放置的方向管柱和木质的纳迪（Nardi）方向盘，能改善双臂向前伸时的姿势。此车的各种操控当然都以手动进行，因为当时尚未出现助力转向装置。乘客可以在后座聆听12缸发动机低沉又迷人的咆哮声，不过这样的享受并不怎么舒适。另一方面，法拉利跑车的驾驶对这部分没有特别要求，只是表达了强烈的感受，而法拉利懂得如何满足他们。后继车款342的买主并不多：法拉利在1951年9月到1953年初之间售出的44辆车中，只有6辆是342 America，然而其中一辆的买主是比利时国王利奥波德三世（Leopold III）。

P42-43 342 经典、无懈可击的线条出自宾尼法利纳的设计，连比利时国王利奥波德三世都为它着迷，尽管不是每个人都喜欢发动机盖上的两个进气口。法拉利三年内生产的44辆车中，只有6辆是342车款。

P44 上图 342 Vignale，摄于1952年意大利一千英里耐力赛：这辆车整个赛季的表现都不错，但在罗马大奖赛之后就不再参赛了。

P44-45 342 Pininfarina 也曾推出 Berlinetta 版本，采用了接近赛车的设计样式。

法拉利 212 Export

P46-47 1951年，法拉利的辉煌事业才刚刚起步，那年只生产了33辆车，例如图中这辆迷人至极的"敞篷"跑车，车身由维格纳设计，拥有150马力（Inter版本）或165马力（Export版本）。总的来说，双门四座轿跑车和Spider跑车的总产量有数百辆，其中一辆的买主是阿根廷总统胡安·贝隆。

P48 上图 维格纳设计的212 Export Berlinetta，1951年摄于蒙扎赛道。坐在驾驶座上的是总工程师史迪凡诺·米亚扎（Stefano Meazza）。

P48-49 意大利的汽车设计大师勾画出这辆212的简洁车身，它是一辆由维格纳设计，性能优越的双门四座轿跑车，在1951年赢得了知名的墨西哥公路赛的冠军，这辆212在其他比赛中也同样大放异彩。

V12 的发展

第一辆212在1951年4月首度问世时，法拉利在赛车场上还是无名小卒，后来赛车手、高级主管人员、名流大亨与著名演员经常和他们的法拉利跑车一同出现在报纸杂志上，于是拥有一辆法拉利跑车，越发成为身份和地位的特殊象征。当时意大利注册的汽车只有465000辆：一般一辆车需要12个月的时间才能交付，而社会福利、医疗保健服务和教育机构的车辆都很匮乏，即便如此，意大利的汽车业仍在慢慢恢复着元气：菲亚特的500 B主宰了市场，该公司同时也推出了极具美国风格的1400车型，另外两个新上市的精美车型——阿尔法·罗密欧1900和蓝旗亚的Aurelia则掌握了高价车市场。意大利的车身设计师们都有一个共同的见解：挂有跃马标志的车（1951年只有33辆）最稀有、最珍贵，这一点能保证带来巨大的利润，吉亚为阿根廷总统胡安·贝隆打造了一辆美式跑车。图瑞继续发展166的式样，而宾尼法利纳（现在该公司还叫这个名字）则开始了与法拉利的合作关系，并且持续至今。他们打造了15辆轿跑车，全都是显赫名流订购的，例如比利时王妃莉莲公主，她是法拉利的忠实客户。设计师中最保守的图瑞随后也为已经上市的166推出了轿跑车和敞篷款式，赛车手迈克尔·霍索恩就拥有一辆。维格纳则是生产了最多出色的212跑车及其他大功率车款的车厂。当时所有的制造商或多或少采用了法拉利车身的部分造型，例如鸡蛋箱式的进气格栅和钢丝轮毂。有些人，像车手马尔佐托（Marzotto），甚至还想要做出变革：车身由丰塔纳公司（Fontana）设计的212赛车版因为怪异的造型而被人们昵称为"蛋车"。

这些法拉利的生产过程非常严谨而烦琐：手工制作的车身会送到马拉内罗，安装机械部件后，再于艾米利亚大道（Via Emilia）和周边地区进行试车，最后在"指挥官"认可下出厂。1951年至1953年间，法拉利总共生产了47辆212 Inter，加上80辆212 Export（数字来自非官方渠道，根据法拉利当时的产能，这个数字很可能不准确），再度显示了富裕地区市场对这个车款的兴趣，不过212在法拉利不断追求进步的文化中只存在了2年，1952年，一个竞争力和可靠程度都大幅提升的车款诞生了，那就是赫赫有名的250 GT。

技术规格
212 Export与Inter（1951年）
发动机：60°夹角的V12
排量：2563毫升
缸径及行程：68毫米×58.8毫米
单组或三联装36化油器
输出功率：165马力（7000转/分）
5档变速器
车长：4100毫米
车宽：1500毫米
车高：1380毫米
整备质量：850千克
最高车速：220千米/时

特色

虽然那个时代为新车款进行大规模试车的机会并不多,但为了避开所有风险,大家还是会从测试机械零件做起。即使是212,也针对上一代搭载V12发动机(乔克诺·克罗布所设计)的法拉利跑车所遇到的问题做了修正,将发动机性能升级到众人盼望的2563毫升与150~170马力,同时搭配一个或多个双腔化油器。我们现在谈的是性能绝对优异,但乘坐起来不太舒服的高级跑车:构造方面保留了法拉利一向重视的结构设计,包括粗大的翼梁及金属车架横梁,前轮有四边形悬架减振系统,后轮则有连接上支柱与弹簧的刚性连杆。这套传统(但高效率)的结构还要加上5档手动变速器、鼓式制动、蜗杆与滚轮式转向系统和液压式减振系统才算完整,法拉利维护这套结构许多年,在比赛中为"纯"赛车做测试。212扮演了提升法拉利赛车竞争力的角色,它在一些小比赛中获胜,像1951年环西西里岛赛,而维托里欧·马尔佐托(Vittorio Marzotto)也驾驶它得到同年意大利一千英里耐力赛第三名。这些车的动力非常强,特别是在弯道,所以操控起来很困难。外国试车手对发动机的反响很热烈,但他们对不灵敏也不精确的变速系统态度就不同了。意大利车手对强而有力且灵活的12缸车款都很满意,在评测212时却小心翼翼,因为它在弯道上有偏离方向的倾向,但这个缺陷难以修正。此外,制动太猛时也很容易失灵。

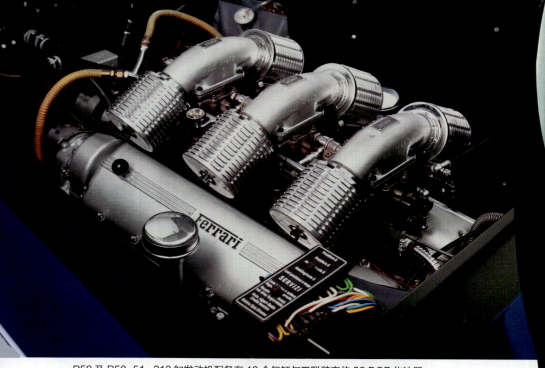

P50及P50-51 212的发动机配备有12个气缸与三联装韦伯36 DCF化油器。
左图为维格纳设计的212 Export,是仅此一辆的蓝绿色款式,现为一位美国收藏家所有;恩贝多·马尔佐托曾经驾驶它参加了第六届多洛米提杯(Dolomite Cup),并赢得1951年特里耶斯特－奥佩奇纳赛车(Trieste-Cpicina)的冠军。

P52-53　这辆维格纳设计、黄铜制造的 212，车身明显经过重新打造，它原本可能是一辆 Inter 或 Export；212 一共生产了 86 辆，包括轿车版本和 Spider 版两种款式。

20 世纪 50 年代
喧嚣的岁月

20世纪50年代初期，意大利的汽车工业仍然百废待兴，每年生产的汽车少于8万辆，其中大多数是菲亚特500 C——市场上最便宜的车（625000里拉）——其他两家车商蓝旗亚和阿尔法·罗密欧的产量则有限。法拉利的名气已经逐渐传开，尤其是在赛车界，不过当时法拉利的产能很不稳定，所以主要专注于生产赛车，恩佐·法拉利是一位经验丰富的管理者，他早已清楚地知道若要建立自己的声望，赛道上和一千英里耐力赛的胜利至关重要。同时，他也打造出一辆辆高贵且无与伦比（至少以意大利汽车的水平来说）的跑车。法拉利的制造过程几乎全以手工进行：1956年，300名员工生产了81辆车。这个数字也许看似令人泄气，但恩佐·法拉利可不这么认为，他甚至在1950年时就下定决心要打败世界大奖赛的王者，也就是1938年在他自己工厂诞生的阿尔法·罗密欧158和159：1951年，法拉利在这场激烈的追逐战中获胜——阿尔贝托·阿斯卡里驾驶法拉利赛车，与胡安·曼努·方吉奥一路缠斗到世界大奖赛的尾声，最终赢得了世界冠军。这次胜利对"指挥官"而言十分重要，但他其实早已成功了：恩佐本人和他制造的汽车都已经举世闻名，还包括了备受恩佐信赖的代理商路易吉·希奈蒂精心耕耘的富裕的美国市场。当然，最初的生产状况并不是特别理想，但挂着跃马标志的单座赛车在当时已经赢得4次F1世界冠军、8次意大利一千英里耐力赛冠军、两次卡雷拉泛美公路赛（Carrera Parwmericana)冠军，以及数百场重要赛事的胜利。在这十年之间，法拉利的产量几乎增加了两倍（350名员工生产了248辆车），而法拉利也成为强大的跑车帝国。

法拉利 375 America

美元与功率

恩佐·法拉利越来越无法抗拒美国的诱惑,而他在美国的得力助手路易吉·希奈蒂具备了将挂着跃马标志的跑车引进美国市场必要的后盾。

375 America在新的机械设计方面取得了优势,它的12缸发动机拥有稳固的基础,在第一次夺得F1世界冠军的过程中让阿尔法·罗密欧吃足了苦头:这台功能多、用途广的发动机也做出了改变来适应各种需要,甚至包括来自美国的需求。除了发动机以外,375还有一个令人关注之处,就是它的外形几乎和250 Europa一模一样,只是后者的12缸发动机排气量"比较小",为3升;至于America的车身设计和制造,"指挥官"请宾尼法利纳担纲,因为他是最懂得如何诠释法拉利品位的人,特别是法拉利忠实顾客的喜好——即使是风格独具的设计,他们也普遍偏好过度而不夸张的类型,1953年的卓越双门四座车款375,就是设计来满足那个时期要求最高的跑车爱好人士。如果说宾尼法利纳是最能表达法拉利工艺的人,那么当时另一位已经设计过其他法拉利车款的大师阿尔弗莱多·维格纳(Alfredo Vignale)就是为拥有迷人美式外表的Spider版"America"费尽心力的创作者:375的外观虽然有宾尼法利纳的简练风格,却也能感受到车身尺寸和法拉利车款中最长轴距(2800毫米)所带来的效果。这款高贵的轿跑车最大的特色在于车顶较小,而且颜色和车身其他部分的颜色不同,更凸显了这辆车即使以今日的标准来看依然显得十分庞大的尺寸,再加上巨大的发动机盖,宾尼法利纳非常沉迷于这种车体设计,也以它打造出杰出的定制车型,在当时各个重要车展中都显得与众不同,这些场合能优先展示那些大发动机盖车款,像是分别为英格丽·褒曼(Ingrid Bergman)和罗伯托·罗西里尼量身打造、绝无仅有的款式,也展现了法拉利车款(Testarossa、Dino 206、328 GTB、Mondial)及其他跑车品牌重复延续相同风格的策略。1955年为比利时国王利奥波德三世所打造的Spider 375 Plus令人难以忘怀,更遑论其赛车款式,例如375MM了。375America持续生产了两年,直到1955年底被与它相似且同样针对美国市场设计的410所取代,那两年间制造的375数量不明——大概是十辆。

P56-57　1953年上市的375 America,其最经典的款式车身上有着宾尼法利纳的标识。这个款式看似一般的双门四座轿跑车,实际上它所搭载的4.5升V12发动机拥有高达300马力的功率,最高车速可达250千米/时;赛车版本的375 MM将原本1150千克的车身做了减重处理,而轴距缩短后也将功率提升至340马力,并且赢得了许多场比赛。

P58　比利时国王利奥波德三世是法拉利的忠实客户,此图为他与1954年推出的375 MM,以及巴蒂斯塔·宾尼法利纳。这辆车搭载的更加有力的375 Plus发动机在6000转/分输出功率330马力。

P58-59　强而有力且充满魅力的 375 MM 是为比赛而设计的，它的重量从原来 375 America 的 1150 千克减轻至 900 千克，轴距也从 2800 毫米缩减至 2600 毫米；由宾尼法利纳设计的 375 MM Barchetta，起初有 347 马力，后来甚至提升至 370 马力，赢得了当年最重要的几项大赛，包括世界跑车锦标赛、勒芒 24 小时耐力赛和卡雷拉泛美公路赛。

技术规格
375 America（1952年至1953年）
发动机：60°夹角的V12
排量：4522毫升
缸径及行程：84 毫米X68 毫米
三联装40 DCF化油器
输出功率：300马力（6300转/分）
4档变速器
轴距：2800毫米
整备质量：1150千克
最高车速：250千米/时

传统机械结构

1953年时，法拉利已经取得能宣扬其声威所需的各种硬件条件，因此在这款375上，法拉利再度使用了之前已经试验过的模式，出自兰普蕾蒂之手的发动机为一般道路使用和比赛时的驾驶做了最好的准备——性能更上一层的375 Plus版本就充分展现了这点，它采用效率更高的戴迪翁式（De Dion）连杆取代纵向弹簧；不过最重要的是，375 Plus配备了340马力（以及370马力）的发动机，才得以在重要大赛中证明实力，例如斯帕24小时耐力赛（24 Hours Spa，1953年）和布宜诺斯艾利斯1000千米赛事（1000km in Buenos Aires，1954年）。机械结构与先前的车款秉持着相同的理念：底盘灵感出自同年代其他法拉利跑车的粗大翼梁；悬架结构是当时法拉利汽车惯用的样式，装载了半椭圆形弹簧及侯代尔（Houdaille）液压减振器——这样的结构重量很重，也显示了法拉利后来使用多年的保守机械结构策略；至于V12发动机则如前所述，是兰普蕾蒂打造的为大型车使用的"长款"装置，配上顶置凸轮轴和三联装化油器，拥有300马力的惊人爆发力，在375 MM等赛车版本上则提升到370马力。

P60及P60-61　375 America的车身体现了宾尼法利纳最极致的设计。这辆绝无仅有的车型（车主为詹尼·阿涅利）拥有直栏进气格栅。全景式风窗玻璃和两片后导流板，展现着后继法拉利车型也会沿用的独特线条。

P62-63 这辆在1955年由吉亚所设计的375 MM上,明显可见美式风格带来的影响。

P64-65 及 P66-67　375 MM，这辆 1955 年出厂的 Berlinetta Pininfarina 十分雅致，车身上有两片微微凸起的后导流板，它的输出功率可在 6500 转/分时达到惊人的 340 马力，最高车速可达 270 千米/时。

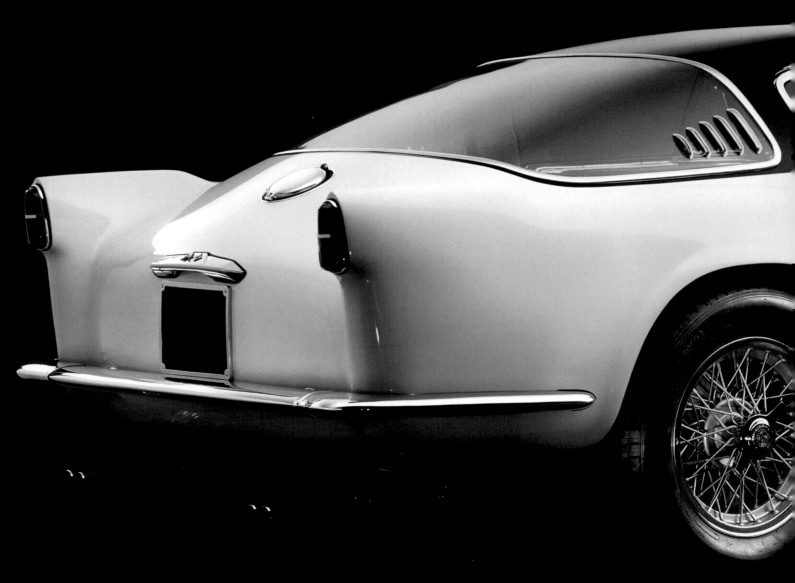

法拉利 250 GT California

最美丽、最抢手的车

一如恩佐·法拉利所期望的，250 GT一上市就成了典藏车款，这次他仍然采纳了路易吉·希奈蒂的建议，希奈蒂完全知道如何"定位"那些烙上了跃马标志的车子，因为他是深谙美国人喜好的专家。不过敞篷车在意大利就不怎么热门，意大利人偏爱轿跑车，即使在"敞篷式"车款大量生产，并在全世界成为潮流的时候，像阿尔法·罗密欧的Giulietta Spider或蓝旗亚的Aurelia B24这些车也不得意大利人青睐。California并非法拉利第一辆具有强烈特色的Spider车型，当时已经有打着宾尼法利纳、维格纳、图瑞和波诺（Boano)等名号的车了，但没有一辆比California更受欢迎：它被评为最美丽、最令人兴奋的车，拥有最独特、最无与伦比的设计。另一方面，这个车款的名字也清楚指出了它的命运：驰骋在加利福尼亚州的公路上，伴着温暖的天气和富有的车主——一群非常特殊的爱车人士。这款Spider的性能也很优秀：它起初是依恩佐的意愿作为赛车（怪不得它是由斯卡列蒂打造的），拥有绝佳的驾驭感和闪亮的外形，内外兼具的它一推出就获得了成功。

1957年12月在马拉内罗生产的头一批原型车几乎全都是要卖到美国的，车子的外形十分完美，然而后来机械结构和外形都依比赛中取得的资料一改再改（法拉利的一项惯例），因为California就是要传达比赛的刺激感，这方面参照的重点无疑是250 GT Berlinetta。1959年时，效率更高的邓禄普（Dunlop)盘式制动系统取代了原本的鼓式制动；1960年出现了轴距及车身都变短的版本，轴距从2.6米减为2.4米，并持续生产直至1963年的最后一版："短轴距"款式共生产了55辆，"长轴距"款式有51辆，但法拉利在那几年的总产量不明。然而不管怎样，车身的平衡比例都保持完美无缺，无论材质是铝合金或是钢。斯卡列蒂在1957年至1962年间所打造的106辆California，对收藏家来说是很稀有的样式——California的外形完美无缺，不同尺寸的款式都能达到近乎完美的平衡，侧面缓缓往后连接至坚硬、突出、推动整辆车前进的后翼子板，协调、简洁的设计只有"老朋友"宾尼法利纳办得到，这些设计包括一些"赛车"才有的特色，像是流线型车灯、活动顶篷、发动机盖上的进气口，以及侧边的通风口，全部由16英寸的大轮胎支撑起来。California再度汲取250 GT SWB的技术，并且利用了Berlinetta的比赛经验，不过由于结构使然，它比"非敞篷式"款式重了大约100千克，很难与其抗衡，它也经历过翻修和改良，举例来说，生产过15台车之后，车灯的流线造型取消了；1959年则是加装了盘式制动系统。在恩佐·法拉利的愿望中，California必须能在日常行驶中传达赛车场上的一切感受——这个承诺实现了，因为这辆车在达到优秀性能的同时，也带来了让人难忘的驾驶体验。它的价格在当时是天价：500万里拉，菲亚特500只卖50万里拉。拥有California的名人包括导演罗杰·华丁姆（Roger Vadim）与碧姬·芭杜（Brigitte Bardot)夫妇、演员詹姆斯·柯本（James Cobum）、作家佛兰西丝·莎冈（Fransoise Sagan）、男高音马里奥·德·摩纳哥（Mario Del Monaco）、沃尔皮·迪·米苏拉塔伯爵（Count Volpi di Misurata），以及法拉利车手沃夫冈·冯·特里普斯（Wolfgang von Trips）。

P68-69　1957年的250 GT California由宾尼法利纳设计，并由斯卡列蒂以钢或铝合金打造，结合了无比典雅的外观和跑车的优异性能（240~280马力）；它于1963年停产，但生产出来的106辆全都无懈可击。

P70-71　California的造型线条并没有因为轴距的不同而改变，斯卡列蒂总共制造了106辆（55辆短轴距款和51辆长轴距款）。

P72-73　硬顶和车子不太相配，但这个极致的车身和气势没有丝毫改变；此款车型自1957年起安装盘式制动系统。

P74-75　强而有力的3升12缸发动机是California的长处，也是优异性能的关键，它能让车子的最高车速达到260千米/时。

技术规格
250 GT California（1957年至1963年）

发动机：60°夹角的V12

排量：2953毫升

缸径及行程：73.5 毫米X58.8 毫米

三联装40 DCL化油器

输出功率：240~280马力（7500转/分）

4档变速器

轴距：2600毫米~2800毫米

整备质量：1100千克

最高车速：268千米/时

车长：4150毫米

车宽：1690毫米

车高：1260毫米

20 世纪 60 年代
汽车的关键时期

汽车来势汹汹，大举进入意大利人的家庭，因为这时候他们已经负担得起所有种类的车了，最热卖的是菲亚特的多功能小车（登记在案的菲亚特500超过两百万辆，它的售价是367000里拉），接下来则是菲亚特的其他车款。十年过去，菲亚特汽车在意大利的数量超过了120万辆，销售量最大的外国品牌是排名第十、售出16万辆的辛卡（Simca，部分为意大利人所有），紧跟其后的是在意大利制造、颠覆汽车界的英国车迷你（Mini）。这个时期的意大利人已经有能力享受进口车这颗"禁果"了，法拉利的生产品质声望很高，而且在这十年间制造了超过7000辆车，它旗下的车款要价至少650万里拉，不过当中包含了奢华的Daytona和小巧的Dino 206——法拉利第一个全面搭载中置发动机的车系，它获得两个F1赛车冠军头衔（车手与车队），另外也赢得了不计其数的原型车和GT跑车赛事冠军。对于接下来的十年，法拉利充满期待。

法拉利 250 GT SWB

天生的王者

描述250 GT的书大概可以放满一整座图书馆，因为有太多书籍、报道、专文和传说探讨的主题都是这个法拉利车款：它具有强劲的喻出功率、傲人的比赛成绩，还有许多延续其王朝的后继车款。这款车是马拉内罗的技师们不断研究、测试和比赛的成果，它搭载V12发动机，1947年推出时的排气量为1.5升，几年后增加至3升，曾经赢得意大利一千英里耐力赛、勒芒24小时耐力赛、卡雷拉泛美和墨西哥公路赛等胜利，也在全世界的街道威风驰骋。1951年，法拉利的年产量并不理想，只有33辆车，但马拉内罗的车厂想要扩张，于是做出理想的12缸发动机后，立即在最高水准的赛场——意大利一千英里耐力赛中测试它，这款3升的发动机取代了250 GT原有的发动机，无论用于比赛或量产都非常合适。第一次的测试在意义重大的1952年意大利一千英里耐力赛上进行，结果布拉克（Bracco)驾驶法拉利250 S击败了声势浩大的梅赛德斯车队。在这次获胜之后，法拉利又提升了目标，将目光放到了新的3升发动机——在1954年的巴黎车展上，"指挥官"和他的超级跑车成了主角，他在此发布了375 America和250 GT Europa，并为一系列后续衍生且极为成功的车型铺平了道路。宾尼法利纳和法拉利藉由这些GT跑车，将他们在为特殊客户打造的跑车或定制车款上使用的顶级工艺表现得淋漓尽致。250 GT的身形非常匀

P78-79　SWB是法拉利的传奇车款之一，1957年首次亮相，整个20世纪60年代都在销售。它被视为完美的跑车，售出162辆，在各项赛事中称霸，也因为宾尼法利纳设计、斯卡列蒂打造的完美外形而备受青睐。

P80-81　这辆宾尼法利纳设计的豪华定制车型使用了250 GT的车身，该车身的颜色也为后续车款定下了风格。这辆为约翰·穆雷（John Murray）特别打造、仅有一辆的款式，车后方的两片"导流板"令它显得完美异常。

称，这要归功于小巧的体积和"短"版发动机，整辆车散发出特定设计风格的"家居感"，有高出来的侧面、截断的轴距和后座空间，还有法拉利跑车独有的流线造型。250 GT系列生产期间，不断有小幅改良，这些改良不但在比赛中测试，也在每一个新推出的车型上接受考验。车身设计由宾尼法利纳负责，而实际打造时则有一部分委托其他供应商进行，例如艾雷纳（Ellena)、波诺或直接在马拉内罗工厂作业的斯卡列蒂。机械结构几乎天天都有新的发展。250 GT赢得了所有GT赛事的胜利，像是1958年的"环法大赛"（Tour de France)，冠军车手则包括威利•梅瑞斯（Willy Mairesse)、奥利维•尚德比昂（OlivierGendebien)与尚•吉榭（Jean Guichet)。

技术规格
250 GT 短轴距版（SWB）（1961年）
发动机：60°夹角的V12
排量：2953毫升
缸径及行程：73.5 毫米X58.8 毫米
三联装40 DCN化油器
输出功率：240~280马力（7500转/分）
4档变速器
整备质量：960千克
最高车速：268千米/时
车长：4150毫米
车宽：1690毫米
车高：1260毫米

Berlinetta共生产259辆，最著名的是在1961年首次露面的那个生产批次的车，最专业的法拉利车迷都知道这款250 GT有一个小名叫SWB，意思就是"短轴距"（shortwheelbase）——2400毫米，比"临时版"短了200毫米——轴距缩短，使得它的操控度与性能比起其他250款式都要更强。这个"短轮轴"版本被视为完美的跑车，因为它在公路和赛道上的表现都很优异，而且在赛道上几乎所向无敌。此车依然是由宾尼法利纳设计、斯卡列蒂打造，挑逗的线条至今依然迷人不已。它于1959年首度公开，那年意大利汽车业生产了39万辆车，几乎全都是菲亚特600或500（法拉利只生产了241辆车）。1959年的"临时"版本(长轴距版，轴距长2600毫米）只有7辆，制造时间也只比"短轴距"版的诞生早了几个月。SWB一推出就在法拉利的客户群中大受欢迎，它有两种版本供选择——铝合金制的赛车版和钢制的公路跑车版，两个版本都是斯卡列蒂打造的。它的外形集快速进化的法拉利跑车之大成，得益于宾尼法利纳的风格、斯卡列蒂的做工，以及理想的空气动力系数（风阻系数为0.33）。SWB自1962年起量产，总数为162辆：其中90辆是公路跑车版本，72辆为赛车版250 GT在技术方面的优势来自具有分离式油道、可增进汽油流动效率，甚至将功率提高到280马力的新发动机。底盘和悬架系统虽然都维持传统设计，但也从比赛不断得到的经验中改良与强化，令驾驶体验更臻完美。此外250 SWB还有另一个优点，就是采用盘式制动系统。传动装置只有4档序列式变速器，因为发动机的运转能力加强了。这个车型的生产由希提（Chiti）、贝萨里尼和福尔杰里三位工程师督导，他们三人后来也合作生产GTO跑车。"短轴距"的名声并没有随着时间消退，反而因为V12发动机带来的快感和车身充满魅力的造型而与日俱增。曾驾驶它在重要比赛取得胜利的车手，都是世界赛车精英中的佼佼者，包括史德林•摩斯（Stirling Moss）、麦克•帕克斯（Mike Parkes）、威利•梅瑞斯、罗迪•奎兹兄弟（Rodriguez brothers），以及格拉罕•希尔（Graham Hill）。那些有幸驾驶过它的人，至今仍对它在1959年勒芒24小时耐力赛初次登场的情形津津乐道。SWB比之前的车型容易驾驭得多，这要感谢其V12发动机性能改善，能将转速提升至7500转/分；4档（也有5档的）变速器则充分利用了发动机的特性，在转弯时能更迅速反应——这同时也要感谢底盘和悬架所提供的抓地力。史德林•摩斯亦证实："那具V12发动机感觉像有300马力，比官方宣称的还多大概20马力。"

各界对250 GT的热爱无穷无尽，介绍它的书不计其数，其中有一本特别引人注目——英国籍的作者本身就拥有一辆250 GT，他在书中介绍了所有相关款式，还列出了一份经手过这些车的车主名单，这个工作并不容易，因为要把资料搜集齐全相当困难，然而这也凸显了法拉利车迷对这些跑车永不止息的热情，而这种热情是独一无二的。

P82-83 图片为在马拉内罗生产的众多250 GT跑车之一，这些车被称为SWB是因为轴距2600毫米缩短到了2400毫米。当时它创下了法拉利的单款产量纪录（超过100辆）。从欧洲到美洲，它在世界各地所取得的比赛胜利也让它建立起了自己的声望。SWB的完美车身以钢或铝合金

法拉利 250 GTO

命运有时候很奇妙，就连汽车也一样，以GTO为例：此车系的诞生，正值法拉利必须面对英国及德国新车款所带来的挑战之时。1962年，意大利共注册了491000辆车，其中只有3300辆是进口车。在那年专为GT跑车而设的世界锦标赛中，法拉利的冠军王座看来摇摇欲坠，此外，负责为这项比赛开发新车型的团队成员，几乎都在那个时候离开了公司。不过，早在1961年，法拉利就已经为隔年的世界大奖赛拟定了计划，也预先测试了准备参赛的车辆，于是在1961年蒙扎大奖赛上，这辆有别于之前各型车款的Berlinetta原型车担起了大任，负责夺下法拉利极度渴望的世界冠军。"GTO"首度正式公开亮相是在1962年2月的上市发表会，它的新造型让在场的每个人都意想不到——底盘结构仍保持传统，由金属管和翼梁组成，意图让空气动力学专家乌尼白·坎（Wunibald Kamm）教授的理论与法拉利的赛车传统并存——这就是法拉利史上最怪异、却也最受收藏家钟爱的车型之一，它在拍卖市场的身价也居高不下，GTO生产了规定下限的36辆，在1974年推出的第二款也生产了7辆。

这个卓越的车款沿袭了马拉内罗的传统，但也做出了创新、独特的设计，尤其在空气动力学方面——车身不再由宾尼法利纳制造，而是出自年轻的技师之手：首先是乔托·贝萨里尼，以及后来的

P84-85　1962年款的GTO是最为经典的版本。车身由法拉利技师乔托·贝萨里尼设计、斯卡列蒂打造，侧边有可帮助冷却的独特通风口。

P86-87　1964年款的GTO，部分机械零件和第一代300马力的GTO相同；车头比第一代宽了8.5厘米（车宽1.755米），车身长度长了10厘米（车长4.45米），而高度矮了9.5厘米（车高1.152米）。

莫罗·福尔杰里。一开始这辆车并不怎么吸引人（它被戏称为"小鸭"），但后来它在比赛中无往不利，加上优越的性能，最后它赢得了大家的赞誉。有鉴于之前SWB遇到的问题，尤其是在高速行驶时的问题，贝萨里尼打造了能完整包覆机件的车身，所以车头的高度极低、造型圆润，还有小片的散热器罩和精短的车尾，车尾上的小型横向扰流板能更有效率地导引气流、减小扰动。为了改善发动机轴的冷却效率，发动机盖底部开了三个窗口（可关闭）。车侧的其他通风口则能加快空气的循环。从GTO在公路赛（塔尔加弗罗里奥拉力赛与环法赛）和赛道比赛（勒芒24小时耐力赛、纽博格林及蒙扎大奖赛）取得的胜利，以及连续三年拿下世界冠军（1962—1964年）便能看出，这些空气动力学设计达到了期望的效果。机械零件——例如沿用自250 P原型车的300马力的V12发动机、干式油底壳润滑系统、5档手排变速器与盘式制动系统——也从比赛结果中得到了改善。

新设计不断试验，在底盘方面亦同：除了翼梁之外，还悄悄加上了一个以小口径金属管构成的强化篷架构造，让整体结构更坚固，连带使得方向盘的操控更精准；后方则是装有弹簧的刚性连杆和加装了螺旋弹簧的筒式减振器。其他细节如横杆和拖曳臂，也令后轮轴的反应与驾车情形更容易操控。这个车款一直处于开发状态，因为年轻的技师们根据比赛表现，不断寻求新方法来解决问题，这与坊间认为法拉利技术是固定而不可改变的普遍认知大相径庭。

GTO的空间安排完全着重于追求极致轻量化，并不注重舒适感及其他修饰：这辆赛车除了勉强堪用的座位和供"蜗杆与扇形齿轮式"转向系统使用的中控台外，其他什么也没有(连里程表也没有)，加上曲面的普列克斯玻璃窗（Plexiglas），因此有些顾客会先指定升级配备。发动机与Testa Rossa使用的发动机相同（采用干式油底壳润滑），所以它是一辆继承了前辈车型之高性能的纯粹赛车。赢得两百多场比赛后，GTO在1966年结束了光荣的赛车生涯，它问世至今已经过了50年，现在必须先进行长时间的热车才能有最好的发挥。刚起步时，它需要一点儿时间与驾驶人磨合，之后就一如过往那些车手和车主们所言，驾驶这辆车会成为感官的极致享受，即使在一般道路上也一样过瘾；没有其他的车能和这辆相提并论。至今仍有人驾驶它，当然也给它适当的照料，就如同对待一个五十岁的人一般。

法拉利 275 GTB

重拾跑车风范

消息和谣言在罗马涅(Romagna)地区传播得飞快,在这个汽车黄金重镇的各家制造商之间自然也是,打造出那个时期最热门GT跑车的人,都知晓竞争对手的计划——法拉利、玛莎拉蒂和兰博基尼这三家车厂野心勃勃地筹备了作战计划,打算推出体积小巧的杰出作品,例如275 GTB和GTB/4。这款车于1964年打造出来,当时法拉利终于从英国车厂手中夺回F1世界冠军,跑车方面也重新取得优势,凌驾于福特和保时捷之上,而GTO则一直是GT车型中的佼佼者。新的275 GTB是令人叹为观止的3300毫升车款:它具备280马力和宾尼法利纳设计的圆润造型,仅有两个座位;加上显示出强大功率的长发动机盖和精短的车尾(仍然依乌尼白·坎的理念设计),还有一片突显跑车特征的扰流板;车长4325毫米,和一般排气量中等的车相当,而在它的外表之下则藏有许多特色,例如移至后方的传动系统、新式独立悬架系统,以及合金轮毂。毫无疑问,这是一辆创新的法拉利,推出一年后,车头线条就改得更流线,使速度更加稳定。1965年,法拉利生产超过740辆各种型号的250 GT;1966年时则比前一年还多生产了100辆,当时它已被更加阳刚的GTB/4所取代了。新车型就连内饰的所有部分都反映了跑车的特色,首先是下凹的驾驶座——驾驶时双手需要伸得更远、足够两人乘坐的空间,以及以20世纪60年代的需

求和以GTB哲学为考量的传统意大利式装置。车速表和转速表是中控台上最显眼的部分，与其他6个小得多的仪表和功能各异的拨杆一起嵌在仪表板上；其余部分也都走跑车风格，配有纳迪木制方向盘和赛车等级的5档手动变速器；车上没有任何电子装置、空调和收音机；行李箱很小，只放得下两只小手提箱和备胎，座椅后面的空间仅供放置行李。

这辆车的发动机是由1947年打造的第一台12缸发动机逐渐演变而来的。由于配置了六联装双腔化油器，加上不断调整修改，发动机性能提升到了极限，而其他部分也有所改变：后轮传动和独立悬架系统在法拉利当中十分新奇——一年后，出现了另一次革命：一向以赢得不断成长的竞争为目标的GTB/4系列改用了四顶置凸轮轴、300马力的发动机，位于后轮轴的5档变速系统（保时捷同步变速系统），以及与发动机成套的离合器；驱动轴改以硬管包覆，不但增强了驾驶性，也隔绝了齿轮的噪声；它是法拉利的基本车款，轴距2400毫米，舒适感不佳（一直为双人座）。GTB在1964年的巴黎车展首度亮相，它极具艺术气息的古典风格受到法国评论家的高度赞赏，这也是它主打的特色，其他法国专家则表示这辆车既优秀又剽悍，但只适合经验丰富的专业级驾驶：它不易操控、摇晃程度极小，有自行旋转打滑的现象，在没有使用赛车轮胎的情况下更加危险。由于这些特征，GTB驾驶起来颇为困难，尤其是在崎岖不平的路面上时更是如此。

不过，GTB生产的三年期间也经历了各种外形和机械的修改，直到GTB/4出现；GTB/4主打四顶置凸轮轴、赛车专用

P88-89　1964年的275 GTB搭载3.3升，拥有280马力的V12发动机，性能佳、速度快，完全符合马拉内罗的优良传统，是法拉利忠实赛车迷最喜爱的车型之一。图中这辆属于1964年的"宽车头"系列。

P90-91　275 GTB的赛车版本将其坚实机械部件所具有的速度和耐力发挥到了极致。

技术规格
275 GTB-GTB/4（1964年至1968年）
发动机：60°交角的V12
排量：3286毫升
缸径及行程：77毫米×58.8毫米
三联装韦伯40 DCZ/6或六联装DCN 3化油器
输出功率：280马力（7500转/分） 300马力（8000转/分）（GTB/4）
保时捷5档同步器变速器
整备质量：1100千克
车长：4320毫米
车宽：1725毫米
车高：1245毫米
最高车速：258千米/时、268千米/时（GTB/4）
油耗：18~20升/百千米

P92-93　这辆Spider版本的GTB于1964年巴黎车展上亮相，它的功率较小（260匹），但仍然是20世纪60年代意大利车型的佳作。

P93 上图　这台单顶置凸轮轴12缸发动机使用三联装或六联装双腔化油器。

的干式油底壳发动机，以及为达到300马力而设置的六联装化油器；传动轴也有所变化，现在是由一条与发动机和变速系统连接的坚硬金属管包覆，这令GTB/4成为法拉利最出色的车款之一，让马拉内罗出品的汽车有了新风貌。GTB在比赛中的表现也很优异，这要归功于赛车部门对这个具有全铝合金底盘的车型所投注的心力，GTB系列——尤其是GTB/4的赛车资质，能干的美国特许经销商路易吉·希奈蒂也没有错过，他引进了20辆由斯卡列蒂打造车身的Spider版本。GTB传奇于1968年画下句号，部分原因是当时美国金融危机所带来的限制，以及越来越严格的排放标准；1968年底，GTB的非正式产量纪录为542辆，相较于法拉利总产量的3467辆，这个数字很令人满意，接下来它就被另一款更加著名的法拉利跑车"Daytona"取代了。

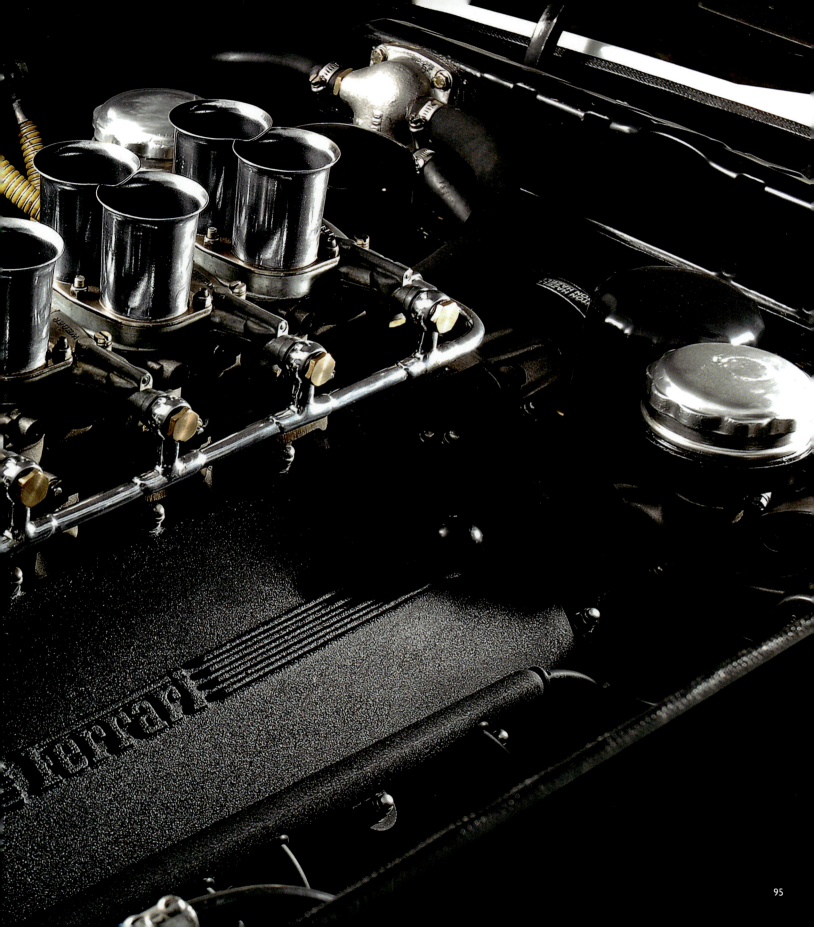

P94-95　这台引人注目、拥有六联装化油器的双凸轮轴发动机后来改良成了四凸轮轴。

P96-97　1964 年问世的 Berlinetta 275 GTB 是 20 世纪 60 年代法拉利技术最重要的实例之一，标志着法拉利向前迈进了一大步。它有令人惊艳的外形、3.3 升 280 马力的 V12 发动机，以及和发动机分离、置于后轮轴的 5 档手动变速器。

法拉利 250/330 Le Mans

法拉利公路跑车和赛车之间的界限十分模糊，从优异车款250 LM Berlinetta上即能体会到这一点，1964年，它在GT世界锦标赛系列赛事中取代常胜军GTO上阵，然而在首度正式露面那年，它却没有参加任何比赛，因为它不是按照规定制造100辆的原型车，只能参加更困难的比赛级别，与更专业、更强劲、针对比赛设计的车辆竞争——250LM似乎只生产了32辆。在经历过"规则"的打压后，它取得了1965年勒芒24小时耐力赛等重要比赛的胜利，还有其他不计其数的公路及赛道比赛。它的优秀卓越在高级车市场中亦屡获肯定，而且耐力十足的12缸发动机让它能像一般公路跑车那样运转，也屡屡成为艺术品拍卖会的主角。250 LM是赛车，所以并不像一般公路跑车那样舒适，但它的魅力即便过了50年也从未改变，这是因为它也是由宾尼法利纳这样的艺术家所设计，并且由斯卡列蒂以铝合金板材和玻璃纤维塑料件打造出来的。250 LM的造型带着比赛用超跑惯有的粗犷，不过宾尼法利纳在1965年就推出了16辆较为"文明"的样式，有实用的车内空间、全景后车窗、排气口、车顶增加的小开口（方便上下车），以及新的车窗——它们全都依照往例，由经验丰富的特许经销商路易吉·希奈蒂在美国销售。

车体由多根金属管组成，重79千克，安装了先进的四边形悬架减振系统。大体而言，这样的赛车结构配置即使在进行最简易的机械检视时也要特别留意：庞大的后车厢占全车体积一半以上，即使采用玻璃纤维塑料制造，打开时还是需要牢牢支撑，以免损坏。

这辆车在不算短的参赛期间经历些许改良：它依然使用备受信赖的V12发动机，保持了法拉利一贯的特色，但也很快提升了发动机排气量和输出功率（从原有的3升、300马力，提升为3.3升、320马力）。在公路上它就像是一辆真正的法拉利赛车——实际上它是原型车250 P的"非敞篷版"，从结构就能立刻看出它是特意为此目的所设计的：两个座位，没有储物空间，车后方仅能容纳一个巨大的备胎。它的内饰有特别的车内空间规划，用来缓解跑车比赛或长途行驶时带来的不适感，因为法拉利了解到，赛车手或者一般驾驶人都会在感到舒适时表现得更好。

P98-99　1962年，TRI 330 LM赢得了勒芒24小时耐力赛的冠军，它由菲儿·希尔（Phil Hill）及奥利维·尚德比昂驾驶，这也是法拉利最后一辆前置发动机的赛车。

P100-101及P105　强劲有力、速度飞快、搭载390马力前置发动机的TRI 330 LM终于迎来了换代的时刻，由升级搭载中置发动机的250 LM所取代。全部中置的机械零件包含了超大的铝合金发动机。有些人也想要玻璃纤维的车身。沉重的V12发动机有着300~320马力的动力，安装在金属管状结构的车架上，车重为850千克。

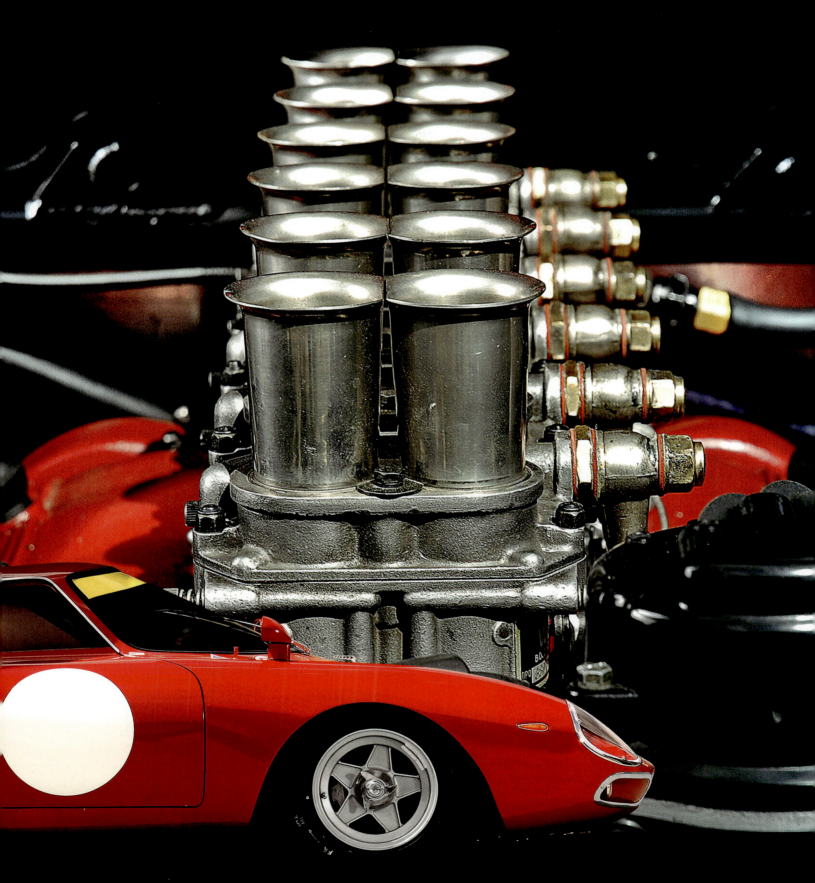

中控台只是很简单地安装了仪表、按钮和拨杆：美感并非首要考量，重点是将重量保持在规定的800千克以内。然而，12个气缸运转时的有力轰鸣声消除了所有的疑虑，每一个驾驶这辆车的人都为发动机的强劲所着迷。和所有马拉内罗制造的汽车一样，发动机是整辆车中最棒的部分——尽管这辆车设计出来的主要目标是为了比赛。LM即使在"一般"驾驶用途上也胜过其他车款，因为这辆车虽然窗户小、窗框又大，驾驶人却因此能完整地看见周围的情形；此外，驾驶人如果想让LM的性能做必要程度以上的发挥，就要准备多花些力气来控制它，所以它并不是一辆容易驾驭的车；盘式制动系统只要不是逼至极限状态，效率一直很高，但在后来的通风盘版本中有很大的改进。从各方面来说，LeMans向来不负使命，即使在今天的所有古董车车展中也还是明星车款。

P102 及 P103　这辆 330 展现了 Le Mans 为其前置 4 升发动机特别规划的进气口。这个为前置 4.9 升发动机设计的车头衍生自 400 SA 标准版的一体式发动机，但带了一点 Testa Rossa 的影子。Le Mans 特殊的车体造型是为了极速而生，灵感来自 1961 年的中置发动机 246 ST 跑车。

P104-105　TRI LM 的车身由凡图齐（Fantuzzi）制造，采用了当时的空气动力学设计，例如精短的车尾、横向扰流板和应规定而将侧面加大的防倾杆。它同时也是那一大片风窗玻璃的阻力板。

技术规格
TRI 330 LM（1962年）

发动机：60°夹角的V12，前置或中置发动机
排量：3967毫升
缸径及行程：77毫米X71毫米；77毫米X58.8毫米
六联装42 DCN化油器
输出功率：300马力（7500转/分）；390马力（7500转/分）
5档变速器

轴距：2420毫米
整备质量：820千克
车长：4520毫米
车宽：1700毫米
车高：1115毫米
最高车速：287千米/时

法拉利 330 GT 2+2

P106-107　1966年，宾尼法利纳以大获成功的330 GT为基础，为比利时莉莲王妃打造了这辆豪华的双门轿跑车，它为1965年即将推出的365款式做了一次令人满意的预演。后来的新车也保留了这个造型，以及320马力的输出功率。

P108-109及P114-115　20世纪60年代法拉利汽车的精致典雅，在这辆经典的双门双座轿跑车上得到了印证：车长4.47米，宽1.65米，高1.28米，并且搭载了4.4升、输出功率可达300马力的V12发动机。

快速而舒适

1964年对马拉内罗而言非常重要——这里生产的赛车，包括158、250 LM和250 GTO，包揽了所有比赛的胜利——法拉利对公路跑车的"商业"部门进行改组，并增加了产量（从598辆提高到654辆）和人手（由430人增至450人）。当时的量产车型有275 GTB/GTS、旗舰级的500 Superfast（只在特殊市场销售）和这辆格外出众的330 GT 2+2，它取代了之前大为成功的250 GT 2+2。这个车型不像它的前辈那般雅致，却是这个重要车型中的代表作；它售价7500000里拉，而全新的菲亚特850多功能车的售价只有849000里拉；它仍旧拥有宾尼法利纳的优雅风格，但4个前照灯破坏了车身线条经典的优美气息，马拉内罗也明白这点，所以尽管第一批的销售情况很好（卖出622辆），法拉利还是倾听了忠实追随者的意见；1965年，马拉内罗继续推出外表更协调、讨喜的"第二系列"——车头上的前照灯减为两具，另有轻质的合金轮毂及其他修饰，例如车身两侧的通风口，为车子添了几分赛车的感觉；它也是一辆轿跑车，长途驾驶亦能保持舒适，而且更容易操控；基本尺寸较250 GT 2+2更大：长4840毫米、宽1715毫米、高1360毫米。即便是拥有强大影响力的法拉利，也必须顺应市场需求而做出改变，加装能增进驾驶乐趣的各种配件：继超速"5档"变速器后，安装了一台可靠的5档手动变速器，也应要求设置了空调和助力转向装置；接下来这几项则是标准配置：安全带、座椅头枕，以及晶体管收音机。这些设备或许不是特别华丽，但它们正符合车子的质感；1965年的"双前照灯"版本较为朴实，也无疑更加典雅，然而这个车型的市场似乎已经饱和，第二系列只生产了468辆；1090辆的总产量证明了该车型的销售能力，而它在改组后的马拉内罗工厂生产了超过3年，装配工作则一直委托位于格鲁利亚斯科（Grugliasco)的宾尼法利纳工厂进行——该厂很乐意地接下了这项重任。

维持传统的机械构造

这个车型具有法拉利最典型的机械结构：由V12发动机驱动，这台发动机的构造在400Superamerica时期就进行了改良，排气量也提升至3967毫升；它有傲人的300马力，比前一代多出了25马力；发动机与变速器的组合全部位于车身前方，悬架系统也是（前为四边形悬架系统，后方则有刚性连杆），完全遵照法拉利的传统；唯一有较重大改变的是1966年的短轴距车款330 GTC和GTS——车内空间规划有了长足的改善，自己也驾驶330的恩佐•法拉利本人，亦传授了一些诀窍给开发团队；最后，330变得比前一代更舒适，车内全面采用康诺利（Connolly)的皮革内装、仪表板使用木质饰板，还可选配空调系统——为更好的用车体验提供了一大帮助。

在驾驶方面，尽管并非每个顾客都拥有丰富的驾驶经验和技巧，但他们都很满足于能够让那辆最高车速可达224千米/时的优质车身尽情发挥——它的发动机最大输出功率有300马力，车重1380千克；经验不足的驾驶人必须更谨慎、理性地操控，不然就得面对后轮的强烈反应（还有自锁），尤其是在潮湿的路面上得更加注意。

技术规格
330 GTC（1966年至1968年）

发动机：60°夹角的V12
排量：3967毫升
缸径及行程：77毫米×71毫米
三联装40 DFI化油器
输出功率：300马力（7000转/分）
4档变速器（后改为5档变速器）

车长：4470毫米
车宽：1710毫米
车高：1260毫米
整备质量：1380千克
最高车速：245千米/时

法拉利 Dino 206

历史性的一大步

虽然有些懊恼，但恩佐·法拉利已经准备好向前迈进一大步，开始采用中置发动机——自从1960年开始参加F1赛车和跑车比赛以来，现在法拉利必须这么做才能保持其竞争力。1965年，这位在其知名GT跑车上一直使用前置发动机后轮驱动的"技师"被迫妥协；而与菲亚特之间的协定使他必须生产500辆搭载V6发动机的车，以取得参加二级方程式赛车（Formula Two, F2）的资格；种种条件加起来，最后变成一辆质量过人的公路跑车，它的名字称为"Dino"——用来纪念恩佐年仅24岁就过世的长子。那一年，宾尼法利纳以得自法拉利跑车式样的灵感，预先设计了一辆中置发动机的双人座轿跑车，并以精湛技艺修改新车身，创造出其作品中最重要的双人座公路跑车之一；柔和灵活的线条和"老式"的外观让这辆车散发出强大的吸引力，教人很难不为它着迷。Dino于1968年5月开始正式生产，距离菲亚特那批使用同样发动机的赛车推出已将近两年，而在它的外形定案前，法拉利也事先发表过一系列的原型车，头100辆Dino 206依照往例由斯卡列蒂打造，最初为铝合金制，销售情况非常热烈；它那赛车般的造型令人难以抗拒，在45年后的今日魅力依旧；它搭载的2升6缸发动机性能极为强劲，但与搭载突出车尾后置发动机的保时捷911S相比较，便遇到了难关。2升版本是在1969年开发出来的，所以初期的生产速度很慢，但还是售出了152辆；在几乎是被迫增加气缸数量和提高输出功率后，1969年的Dino更是深受法拉利车迷喜爱；他们当时一点都不惧怕和备受肯定的德国跑车比较，尤其是混合型车款；新的2.4升发动机内部经过改造，包含三组韦伯化油器，输出功率提升了15马力（现在每分钟7600转时可达195马力），转矩也明显增加，改善了法拉利246变速齿轮的灵活度。这个新的2400毫升版本的外形尺寸也有所改变，轴距从2280毫米增至2340毫米，增加了实用性；车身长度增加了大约10厘米，从4150毫米变成4235毫米，宽度和高度则没有改变；车子重量由原本铝合金版本的900千克，明显增重为钢制版本的1080千克。

P112-113　Dino 206是1967年时，法拉利向"小型"公路跑车迈开重要一步的象征。位于马拉内罗的法拉利公司提出新的制作概念，不仅将发动机中置，发动机本身也改用为菲亚特赛车所开发的6缸发动机；排气量起初是2升，后来改良至2.4升，两种款式的车身皆十分出众。

P114-115　Dino的设计概念源自比赛，目的是为F2赛车及小型车竞赛打造发动机，好与来自德国和英国的对手竞争。

小巧而实用

管状车体让车内空间规划有许多选择。驾驶座和5档换档拨杆的分段式底座着实给人一种驾驶竞赛用原型车的感觉——两个座椅纵向下凹、边缘垫高,但不可后仰;最常使用的按钮分散在仪表板上,能够轻易操作;而方向盘直径偏小,让操控更巧妙快速;发动机起动时,从1800转/分开始就能生龙活虎地冲刺;在加速过程中,驾驶人身后那6个气缸的轰隆声带来的,则是每一位极致跑车买主所期望的兴奋刺激。它有一般纯种跑车必备的条件和媲美赛车的性能。最重要的是,驾驶它需要非常高的注意力,以避免突发的反应;美国媒体经常将它与其直接对手保时捷911比较——911的售价较低、尺寸较大,也较为舒适,但它的车轮是其败笔,相较之下,Dino这台法拉利小车更符合跑车的要求,精确度更是好得多。Dino为马拉内罗立下了准则,此后法拉利便一直致力于兼顾车辆的质量与驾驶性。在8年的时间里,246总共生产了3913辆,因为当时"Berlinetta"这种款式大为流行,所以数量(2487辆)几乎是"敞篷"款式(1274辆)的两倍。

P116–117　Dino系列公路跑车的造型魅力历久不衰,它们的性能与头号对手保时捷911 S相当,但驾驭起来更有快感;这是得自更先进的设计与195马力6缸发动机的成果。

技术规格
Dino 206 GT（1967年）

发动机：65°夹角的中置V6
排量：1997毫升
缸径及行程：86毫米X57毫米
三联装40 DCFN化油器
输出功率：180马力（8000转/分）
5档变速器
轴距：2280毫米

车长：4150毫米
车宽：1700毫米
车高：1150毫米
整备质量：900千克
最高车速：235千米/时
油耗：100千米16升

法拉利 365 GT 2+2

轻松愉快的驾乘体验

P118-119 1967年问世的365 2+2可以说是终结了法拉利早期较为经典的2+2车型；较早的款式因其小巧的尺寸、优秀的性能和还算宽敞的乘坐空间，在国外向来备受欢迎。

P120-121 尽管尺寸大、重量也重，365 GT 2+2最高车速仍可达到245千米/时，而且平稳舒适，非常令人满意，这要归功于它的助力转向、自动水平悬架和盘式制动。

恩佐·法拉利从未忘记过要打造一辆特别的轿跑车，在不影响舒适程度的状况下，他开始着手打造这款双门2+2的"家庭"轿跑车；这辆车可以轻松承载两名以上的乘客，并在马拉内罗的生产数量中占了相当大的一部分；1967年的365 GT 2+2等车款证明了法拉利推出这样的车种，的确是有先见之明；1972年，它的继任者追随了新的潮流，改变了式样，此举似乎没有引起太大的反响，它仍在法拉利的销售手册上待了许多年；如果要说新版的机械装置承袭自前辈车款，那么它的外观就是怀着敬意和365 GT 2+2分道扬镳了，它的造型不再柔和圆润，而是精致洗练、棱角分明，几乎就是个大方块；许多人都为这些颠覆传统的线条大感愕然，但

新款式的销售很成功，且一直延续至1992年，证明当年的新选择正中了市场的喜好；1967款365 GT 2+2以4.4升的12缸发动机驱动，可输出340马力，最高车速则可达245千米/时；对车身加以分析，就会注意到轴距比前一款长了5厘米，以便给后座乘客的双腿留出更多空间，也让车内有了更先进和齐全的空间规划，这也与20世纪70年代的用车趋势更加吻合；乘客只需将前座椅背倾斜即能轻易运用后座空间，接着就可以尽享宽阔的视野，因为车上有好几面玻璃窗，车顶窗框也很细；四个座位均以康诺利皮革精心打造，因为新设计使其容量加大而名列最舒适耐用的座椅之一；装置各种仪器的仪表板与中控台也都悉心排列装饰，与车子全貌很搭调。

这辆车在当时的售价是7000000里拉；此外车底铺设软毛绒毯，同样散发出优异的质感；皮革上的镶板质量很好，在中控台还特地嵌上木材，以满足富裕、喜好奢华的美国顾客，他们不只在意车子的性能，也很重视各方面的舒适感；甚至后车厢容量也符合四名乘客的需求。然而，也有些美国顾客抱怨车内高度不够，因为车顶会朝车尾方向一路降低。这款365令顾客深感满意，特别是来自美国的顾客，而且直到1971年都没有任何改变。它一共售出约801辆，直到后来被其他外形相似的车款所取代（400及412），不过它们使用的4.9升12缸发动机，也持续生产了20年——这代表法拉利这类车型也极受欢迎，深得特定族群喜爱（大多是美国人）。

专业人士都深知，马拉内罗一向很重视从以往车型得到的经验，世界上只有极少数公司拥有这样的资产，于是1972版的365沿用了1967年版的技术，搭载365 GT/4的4.4升发动机改良版，配备了双顶置凸轮轴，凸轮轴间装设三联装韦伯化油器，降低了曲轴高度；这个版本的V12发动机输出功率达340马力，对1500千克的轿跑车而言相当足够，最高车速亦有245千米/时；就连底盘也忠实呈现了法拉利的概念——以椭圆金属管为架构，再加上些许改良。还有一个细节同样对这辆轿跑车的良好舒适性有所贡献，那就是加宽了后排空间；其他特色还有365 Coupe及Daytona的四边形四轮独立悬架系统，这个系统结合了筒式减振器与稳定装置；此外这辆车还有通风盘、伺服辅助装置，以及助力转向——后者在当时已经是法拉利这类车型的必要配备，并不是为了达到赛车般的性能而特意添加的。

技术规格
365 GT 2+2（1967年至1972年）
发动机：60°夹角的V12
排量：4390毫升
缸径及行程：81毫米X71毫米
三联装40 DFI化油器
输出功率：300马力（7000转/分）
4档变速器（后期改为5档）
整备质量：1480千克
车长：4974毫米
车宽：1786毫米
车高：1345毫米
最高车速：245千米/时

法拉利 365 GTB4 Daytona

完美如常

20世纪60年代晚期,跑车开始有了变革:竞赛车采用新概念,也改变了一般公路跑车的哲学与美学;这款365 GTB 4被称为"Daytona",这是为了纪念1967年戴通纳24小时耐力赛的重大胜利(24 Hours of Daytona,三辆法拉利赛车分别拿下前三名)。它是一款公路跑车,虽然未愧对马拉内罗的技术,但还是得面对强劲的新竞争对手,例如同为意大利的兰博基尼Miura(250马力中置横列12缸发动机)。不过,Daytona由宾尼法利纳工作室新进有为人员所设计的新造型,倒是很成功地融合了新的流行趋势,连细节也不例外。在1968年这一年,马拉内罗的500名员工生产了729辆车,并发布了这个新轿跑车款;它的车身散发出一股非凡的魅力,还有一种永恒的优雅气息;在造型上,Daytona仿佛掀起了一场小小的革命,因为从某些方面来说,它舍弃了一些惯常的特色:空气动力学是主要考量,法拉利特有的散热器罩消失了,而前照灯几乎都缩进了发动机盖下。1968年出厂的第一批Daytona,四个前照灯全都由一条普列克斯玻璃饰带所覆盖,而它们都安装在一具华丽迷人的车体上,长4425毫米、宽1760毫米、高1245毫米;钢板制成的车身和铝合金活动部件如同前辈车款Berlinetta,都是由斯卡列蒂打造的。

技术规格
365 GTB 4(1968年至1973年)
发动机:60°夹角的V12
排量:4390毫升
缸径及行程:81毫米×71毫米
六联装40 DCN化油器
输出功率:352马力(7500转/分)
5档变速器
车长:4425毫米
车宽:1760毫米
车高:1245毫米
整备质量:1200千克
最高车速:280千米/时
油耗:20~25升/100千米

始流行,法拉利仍以搭载前置发动机的强劲公路跑车保持住正统;极致非凡的 365 GTB 采用的是前置发动机与中置变速器的布局,再配合四轮独立悬架系统。

P124-P125　1971 年版的 365 GTB 改变了外观,使用开启式的前照灯,一方面也是考虑到了美国市场;这个款式迷人至极,5 年内生产了 1350 辆。

极致工艺

机械方面,法拉利设计师们先是使用已在其他车型上测试过的零部件,像是车体(275GTB和330 GTC)和双顶置凸轮轴发动机(GTE 4)——当时的法拉利还很少采用这个先进且精炼的细节——并且利用275 GTB的联合传动器,配合容量14升的干式油底壳润滑系统;变速器有5个档位,安装于后轴,就在差速器前;遵循法拉利传统以钢管组成的车体,是构建整辆车的基础;独立悬架系统重现了某些法拉利车型曾展现过的精致式样,不过这个新版本在当时的马拉内罗是最先进的。然而这个完美无瑕、至今仍令法拉利忠实车迷心动不已的车款还是需要修改:1971年,车子前方的有机玻璃饰带被移除,前照灯也改为跳灯样式,和那个时期的其他跑车一样;精短的车尾没有改变,赋予了整辆车力量感及动感。它似乎是法拉利最成功的公路车型之一,非官方纪录显示共生产1350辆——在同等级车型中是很高的数字。与之类似的运动车系,Spider版本自然不可少——当时的技术要制造这种款式并不容易,但Daytona坚固耐用的轿跑车底盘让它无后顾之忧;Daytona Spider与轿跑车版本的尺寸相同,以引人注目的黄色涂装在1969年的法兰克福车展中首度登场;双人乘坐的空间并没有刻意营造奢华感,而是展现了设计者在高速驾驶性能上所下的精准功夫。以现在的眼光来看,即使将这款Spider的帆布顶篷降下,它依然能保有无懈可击的优雅,也引起了极大的关注:这个敞篷款式在马拉内罗只生产了数百辆。

Daytona虽然是公路跑车,但在长年负责法拉利赛车活动的团队悉心打理之下,也赢得了许多跑车竞赛的胜利。车身是以铝合金和塑胶打造的特制原型车(输出功率达403~470马力),截至1979年,总共参与了大约40场国际重大

P126-127 及 P127 上图 将硬顶跑车改装敞篷款式绝非易事,但这项工作在 Daytona 身上进行得很成功;在马拉内罗制造的最后一辆 Daytona 就是敞篷版本,车厢内使用的是当时最典型的配置。

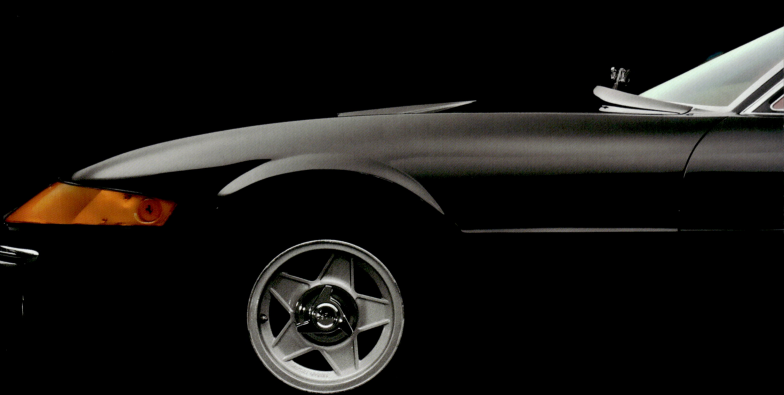

赛事，并且漂亮地在1972年的勒芒24小时耐力赛、霍金斯峡谷大奖赛（Watkins Glen）、环法大赛和卡亚拉米9小时耐力赛（9 Hours of Kyalami)夺冠；此外，在1973年、1974年和1975年的系列耐力赛中，365 GT 4也在戴通纳、勒芒，甚至法国山地锦标赛取胜。这辆公路跑车尽管不够灵活，却一直有良好的表现，当中最值得一提的是1979年戴通纳24小时耐力赛：一辆私人所有的365 GT/ 4获得总排名第二的成绩（当时已经停产五年！），完美证明了这款看似不适合竞速的跑车真正拥有的实力。

20世纪70年代
严苛背景下的期待

20世纪60年代给了许多意大利人错觉，让他们以为虽然他们现在开着中置发动机的多功能小车，但总有一天可以拥有舒适大车。然而在1973年12月，意大利政府为应对石油危机而采取的措施戳破了所有人的美梦，这终结了欢愉的气氛，也引发了一股紧缩开支的风潮，不过这时候意大利人至少还买得起外国的多功能车型。前轮驱动的菲亚特汽车拥有压倒性的市场占有率，其中最畅销的车款是128和127（生产超过1800000辆，是最受欢迎的车型），其他欧洲国家都垂涎、模仿、购买它们。后来蓝旗亚Fulvia的升级款2000、兰博基尼Jarama和阿尔法·罗密欧Al fasud相继问世，它们是意大利南部区域没有正面承认的一股希望。同一时间，在意大利销售最佳的外国车是雷诺5(销量约为菲亚特127S的六分之一）。身为汽车制造商，同时也在业界拥有崇高地位的法拉利则奋力与英国车和德国车对抗。在这十年中，法拉利赢得了三次闪亮的F1冠军头衔，成绩令人满意；且产量也大幅增长，1979年时产量翻倍，达到2221辆，亦推出了 BB等旗舰车款和"入门级"308；当时法拉利公司已并入菲亚特集团，但身为技师兼创始人的恩佐•法拉利本人依旧亲自坐镇。

法拉利 308 GTB

法拉利即将迎来自己30岁的生日，而且这时它的生日已经是一项世界性的盛事了。创办人恩佐并没忘记以他儿子阿尔弗莱多（Alfredo）命名的"入门级跑车"，尽管一般人对这个分支品牌不甚了解，但该品牌自1967年推出后，同样经营得很成功（那些入门跑车没有冠上法拉利之名，因为法拉利跑车必须搭载12缸发动机）。到了1973年，公司应顾客与经销商的要求，决定将这些入门级跑车"重新命名"，并为它们加上法拉利的注册商标。在1973年的双门四人座轿跑车版本问世两年后出现的Berlinetta 308 GTB，便是集这些入门级车型的进步之大成：它的发动机变成V8款式（而非原来的6缸发动机），而且它的车体和绝大部分零件对法拉利的进化十分重要。308 GTB的销售很成功，在十年内售出超过12000辆，这款Berlinetta在1975年巴黎车展中发布，当时法拉利车队已经准备好要赢取第7次F1世界冠军。这个系列重现了法拉利与Pininfarina车系所具有的基调，线条也比以前全面使用圆润造型的车款来得更利落、更鲜明；车尾依然保有兼具装饰功能的窗框和排气口；材质的选择方面，在生产过712辆斯卡列蒂风格的玻璃纤维强化塑料制车身后，车体改为钢制，然后又生产了2185辆，钢制版的重量多了100~130千克。两年后，这个车款又多了"半敞篷"版本，这次的改变着重于4230毫米的车身长度，比搭载6缸发动机的Dino短了5毫米。308 GTB在十年内售出超过12000辆，直到1989年，取代它的车型348出现。

这辆性能不俗的双人座跑车，因有效利用新式座椅而增加了些许空间，不过轴距依然保持在2340毫米。全车最着重之处在于精心设计的驾驶座运动姿势，提供足够的舒适且具有功能性——这是因为有了可以调整角度的方向盘，以及设计完善的椅背和座椅底座。同类的仪表皆装设在驾驶人面前的仪表板上，一目了然。控制拨杆则移到中控台，如此便不会在驾驶时误触开启，例如收音机。由于行李箱与横向发动机以及变速系统紧邻，容量增为240升。传动轴尽管会因发动机的高温而发烫，但维修却很容易：只需移开挡板即可，不必再将车辆架起，车辆前方只安置了散热器和备胎。这么一辆宛如赛车的与时俱进、出色至极、驾驶起来快速又刺激的车，由于操纵它需要极快的反应能力，让它成为一辆专家才能驾驭的车型——这些问题在后来推出的款式中都逐步改善。然而，它的赛车特质与超乎寻常的过度转向却大受欢迎，甚至在国外也一样。

308 GTB的工艺来自20世纪60年代的6缸车型Dino，但它的机械零件和Dino不同，而且更高级：首先，发动机换成90°V8干式油底壳发动机（308的"30"代表发动机排气量，"8"则代表气缸数量），双顶置凸轮轴以一条同步带驱动；动力系统亦经过改良，1980年时是以机械式喷射方式输出动力（会损失大约40马力），到了1982年，因为每个气缸都有四个气门，而恢复了些许动力与转矩（输出功率达240马力）。底盘装载了一面金属管状格栅和带着圈状弹簧的双A臂式独立悬架系统，还有防倾杆和筒式减振器。这辆车当然也具有齿轮齿条式转向装置；手动变速器与发动机合一，所以是横置，并有5档变速和自锁差速器。车子总重为1090千克，以玻璃纤维塑料制造的第一批次则轻了100~130千克。

技术规格
308 GTB（1975年）
发动机：90°夹角的V8
排量：2927毫升
缸径及行程：81毫米×71毫米
四联装40 DCNF化油器
输出功率：255马力（7700转/分）
5档变速器
轴距：2500毫米
车长：4090毫米
车宽：1700毫米
车高：1120毫米
整备质量：1090千克
最高车速：252千米/时

P130-131　1973 年问世。拥有 255 马力的这款 GTB 有两种车体设计，分别用于双座的 Berlinetta 和 Spider 式样，以及 2+2 款式车型。

P132-133 及 P133　308 备受偏好跑车的法拉利车迷喜爱，还在 20 世纪 80 年代成为电视明星，出现在汤姆·塞莱克（Tom Selleck）主演的美国电影《夏威夷之虎》（Magnum P.I.）中。

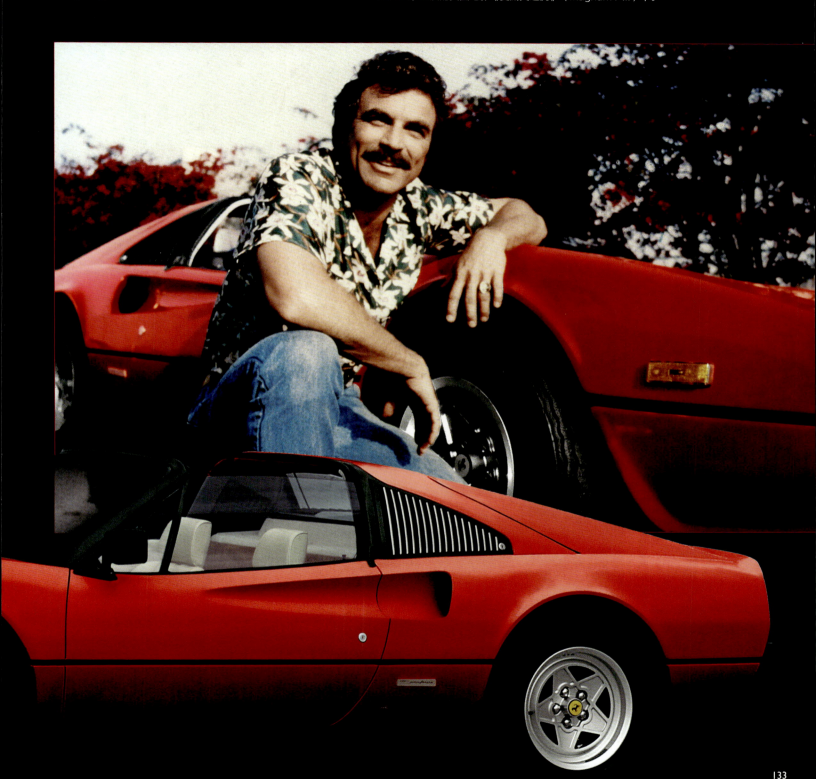

法拉利 512 BB

1973年，马拉内罗制造的超级跑车365 BB（Berlinetta Boxer），已经拥有不少深受这台搭载中置发动机的新型超级跑车所吸引，并且有能力支付高价（85000000里拉）的车迷；1976年时，法拉利的1600名员工生产了2565辆车，这一年365 GT/4BB换了名字（改为512BB）、发动机、外形（只有部分）以及尺寸（比之前长了4厘米、宽了8厘米），还搭载了一台更大、更有力的发动机——排气量5升、水平对置12气缸（所以取名为512），重量为1400千克，而前代的365 GT/4BB重量则是1120千克。它保留了双顶置凸轮轴和平置的韦伯40 IF3C双腔化油器，两年后改以博世间接喷射系统供油，这更符合BB的特色，也更适用于新的循环系统；喷射供油提升了喷油量的控管能力，但也丧失了少许输出功率，从365 GT/4BB的每分钟7700转380马力下降至每分钟6800转360马力，最高车速则为300千米/时，比之前少了2千米/时。结构方面和中置发动机的365 BB一样，独家V12发动机的气缸分成两排水平对置，5档手动变速器则放在发动机下方，让512 BB的轴距只有2500毫米，而车长则多了40毫米，变成4360毫米。由于后轮加大，车子的宽度也有所增加。至于车体部分，出自宾尼法利纳的设计与马拉内罗制造的小型跑车较为相似，而非12缸的大型法拉利跑车；它的外形也因机械结构的差异而做了适当的变更，亦成为此车在接下来的20年最著名的特点。1976年诞生的512 BB持续生产了6年，直到被采用燃油喷射系统的512 BBi取代。

P134-135　512 BB是BB（Berlinetta Boxer）系列在1976年推出的进化版，独家采用的水平对置发动机（发动机夹角呈180°），可输出360马力，图中的Berlinetta车尾经过小幅度的修改，加上了符合空气动力学的阻力板；它使用博世燃油喷射系统和横置散热器，并持续生产了20年。

P136-137　512 BB 巨大且通风良好的后车厢后来做了修改，它能完全打开，便于查看沉重的发动机和变速器组件。

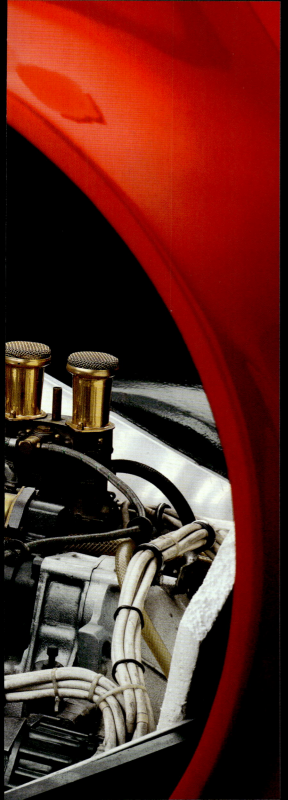

到了1981年,"Boxer"车型已经退出F1赛场,取而代之的是单人座的涡轮发动机车型,例如法拉利126 C。不过在公路跑车方面,水平对置12气缸的配置依然是主流,也仍旧受到忠实法拉利车迷的喜爱;512 BB即是一个证明:它的基本机械设置和先前的BB车型几乎一模一样,还比以前更加成功——1980年售出了240辆。它也保证了该车型的长久寿命,"Boxer"车型持续生产至1996年,直至法拉利推出配置更为传统、搭载前置发动机与后置手动变速器的550Maranello;不过,即使后继车型也使用同样的机械设置,512依然是最后一个以BB (Berlinetta Boxer)为名的车款。1981年的512 BBi革新之处是采用博世机械式喷射供油系统,全速运转时比较稳定,也确保了在新的交通形态中必要的运行功能。即使在设计方面,512BB也偏向传统经典路线,像车身前方仍保留为散热器而设的大片散热器罩。不过,要想分辨512 BB与先前款式十分困难,因为它保留了一样的设置和造型线条;整体来说,它特别令人着迷的外观受到所有人喜爱,还具有一些独特的细部设计,例如极不起眼,却能在高速行驶增强抓地力的前扰流板;宾尼法利纳打造的钢板车身改善了操控性,却没减轻车子的负担:此车的整备重量为1506千克。改用铝合金车身已是1984年推出Testarossa时的事,新车身的散热器与和驾驶座高度相同的横向进气口也为车子的美观大大加分;车子的尺寸维持小巧,和使用相同"Boxer"机械结构的法拉利公路跑车一样:长4400毫米,宽1830毫米,高1120毫米。驾驶它是什么感觉呢? 1981年底,阿根廷车手卡洛斯•瑞特曼(Carlos Reutemann)证实了它发动机的优异性和效率可达65%的高性能,不会因高速行驶下的压力而导致疲乏,仍非常利落的过度转向和制动反应;512 BB在大约12年间出厂2000辆左右,其中包括少量的燃油喷射版本。

P138-139 图中 512 BB 做工精细的水平对置12缸发动机(每分钟6800转时刻输出360马力)仍靠双腔化油器供油,后来则被间接喷射系统取代。

技术规格
512 BB(1976年)
发动机:180°夹角的中置铝合金铸造V12
排量:4943毫升
缸径及行程:82 毫米X78 毫米
双顶置凸轮轴,以同步带驱动
每气缸2气门
四联装40IF3C化油器(1981年起,512 BB改用机械式喷射系统)
输出功率:360马力(6800转/分)
5档变速器
车长:4400毫米
车宽:1830毫米
车高:1120毫米
整备质量:1400千克
最高车速:302千米/时

20 世纪 80 年代
蓬勃发展的十年

公共危机、社会局势紧张，以及第二次石油危机，令汽车产业不得不检视其计划与方案，以降低汽车的油耗并提升性能，克服各种限制：20世纪70年代初期，石油价格为每桶10美元，但各种危机使得油价在1979年达到每桶20美元——所有的车厂，甚至包括顶尖汽车制造商，都必须使用燃油喷射系统来面对新的挑战（后来燃油喷射系统几乎成了必要装备），以减少油耗、降低排放；电子设备在安全与废气排放上帮了大忙；计算机被称颂为这个年代的"风云产品"。法拉利在F1赛场上的表现优秀，夺得了两次世界冠军；而法拉利的销量有一大部分是依靠向富裕国家的出口，所以不能忽视海外的赛事；法拉利持续生产2升车款以避税（税金是依排气量分级），而十年下来，年产量亦有大幅提升，从2470辆增至3821辆。乔凡尼•巴提斯塔•拉泽里（Giovanni Battista Razelli)从1985年起担任总监，在他任内Mondial 8和288 GTO分别问世，而Testarossa、512、328、348、412、GTB Turbo、卓越不凡的F40、Mondial T 和 348 等车款，证明了即使在如此困难的时代，马拉内罗仍旧生生不息。令人遗憾的是，恩佐•法拉利于1988年8月14日去世，享年90岁。

法拉利 Mondial 8

许多人将Mondial 8视为法拉利汽车"不为人知"的一面,因为它的线条柔和,棱角减至最少,外观光滑,看不出来是一辆最高车速可达250千米/时的跑车,反而较像是平稳的双门轿跑车,甚至是家庭车型……事实并非如此,这辆车是法拉利特地为美国市场研发的,美国对它的接受度也比对同级车款308 GT4(即"Dino")更高。从一开始,法拉利便撤换了车身制造商博通,换成备受信赖的宾尼法利纳。Mondial这个名字来自20世纪50年代那些具有重大历史意义的法拉利赛车,这辆双门四人座跑车的外观和内部十分协调 两者皆配合"掀背式"的机械结构和车舱尺寸而有所改变,完全考量到设计中后置发动机四人座车辆时的难题。它的线条显得很和谐,尽管车身往前移动了,但可以轻易改装成双门四人座敞篷形式的车舱则特别符合加州驾驶人的喜好。与宾尼法利纳设计的上一款轿跑车相比,它的轴距增长了10厘米,这对增加这辆总长超过4.5米的车子在改装上的弹性,和提高车子的时尚与光亮程度都相当重要。这辆车的车头是四四方方的(和Berlinetta 308一样),到了发动机进气口则融合轻盈但坚实、细长的车顶线条(宾尼法利纳轿跑车的独家特色)而变得较为柔和。加上横置机械零件而来的精短车尾,以及容量非常充足(300升)的行李箱空间。这个车型并未得到太多较热情的法拉利车迷关注,但在海外却有许多想兼顾快速与舒适的顾客对它相当青睐。除了使用助力转向和以控制面板调整减振软硬之外,马拉内罗还考量了所有会影响车子精准度的变量,以提升它的性能。

Mondial 8几乎就是以美国市场为目标而开发、有法拉利的名气与希奈蒂倾力支持的车型,它的舒适度很令人满意——至少美国记者这么认为,虽然他们测试的主要是性能。Mondial的美中不足之处与一般四人座跑车相同:前座乘客即使在长途高速行驶下也觉得舒适,但后座乘客的感受就不同了,因为后座乘客的空间只够放置双腿,而身材高大的人更是必须缩着身子,姿势很不自然。为了弥补这一点,车舱内装很讲究——设置了造型优美的可调式座椅(前座椅背可后仰)和可手动调校的方向盘;车舱的线条很符合20世纪80年代的潮流,方正、表面平直,各种仪表和器械安装在驾驶座前的大仪表板上,和设有变速杆的"中央控制台"。在美国举足轻重的 *Motor Trend* 杂志针对驾驶座侧面的防撞抵抗力不足这点颇有微词,但对其他功能则全部给予好评,证明了这辆车能在美国热销近15年并非毫无道理。这台车在当时年售出百辆,在1989年全新T版推出时亦然,新版在设计方面几乎没有改变,只是把横置发动机换成纵置的(功率由初期的214马力变成300马力)。美国人最有意见的地方是没有助力转向(于1989年推出的Mondial T上加装)、车舱空调系统不佳,以及一些细节设计。不过,他们对舒适性、制动稳定性、车子在各种情况下的实用性,还有行李箱都很满意。总结来说,这辆车具有在美国高价车市场立足所需的各种条件,而在它生产的15年(四种基本款)中,马拉内罗的团队显然也尽力改良它,并设法消除它的小缺陷。1993年,这个四人座中后置发动机车型的故事宣告结束,后来它被比较传统的456所取代。

P142-143 Mondial 8是马拉内罗相当重要的车型;2+2的车身是由宾尼法利纳以当时最常见的手法打造而成的,车身往前移,多留一点空间供车内使用,1980年的敞篷版也使用相同的手法,这辆车原来使用3升、213马力的发动机,后来升级到270马力。

P144-145 图为20世纪70年代典型的宾尼法利纳设计的车头,具有平缓上升的特征、跳灯,以及发动机盖上的排气口。

技术规格
Mondial 8（1989年）

发动机：90°夹角的中置横列V8
排量：2926毫升
缸径及行程：81毫米×71毫米
博世电子喷射供油系统
输出功率：214马力（6600转/分）
横置5档变速器
车长：4580毫米
车宽：1790毫米
车高：1250毫米
整备质量：1445千克
最高车速：230千米/时

法拉利 Testarossa

Testarossa在1984年的巴黎车展面世时,法拉利车迷毫不意外。上一代车款(365GT4 BB)是在13年前发布的,所以这辆强劲的Berlinetta的出厂配置众所周知:中置发动机,由独家的12缸"Boxer"驱动,其灵感来自20世纪70年代的F1比赛;款式名称遵循法拉利纪念过去的传统,使用了著名跑车系列的名字——该系列在世界锦标赛的胜利持续至1958年,使用红色涂装的发动机,就和这个多年后的后继车型一样。这辆在巴黎发布的公路跑车对GT市场野心勃勃,因为它象征着BB车款问世13年来最先进的概念。概念维持不变,但车子本身在各方面都有改变:底盘为符合空气动力学而彻底改造,两侧增加了更多合乎动力学的线条;大散热器移到了新的位置,进气口则因五道显示横向气流的条纹而更加突显;Testarossa重新采用其独特的技术配置,并持续生产10年,直到F512 M的推出;它是最后一个将车身加长5厘米以增加车舱空间的车型;Testarossa依然只能乘坐两人,所以前车舱很宽敞,容积有150升,座位后面的平台尚可容纳两只手提箱或一套高尔夫球具;车子尺寸的改变并不大:长度不到4.5米,宽度将近2米;因为少了冷却水道,车内空间的舒适程度提升,这也是此车系的后继车款(512 TR和F512 M)一直延续的基调,同时期的法拉利入门级跑车亦是如此;铝合金车身并非由斯卡列蒂负责,而是由宾尼法利纳接下,他们也确保了高质量的做工。

P146-147 1984年推出的Testarossa是1973年问世且销售2393辆的BB车型的自然进化成果;它搭载4.9升、390马力的12缸"Boxer",最高车速290千米/时。

P148-149 Spider版本的车后方也保持了这个车型的鲜明特质,车身上有帮助冷却发动机的狭缝和延伸至车尾的车顶长边框。

testarossa

为了向1971年的BB致敬，Testarossa并没有很大的变化，但有许多改善功能和驾驶性能的小差异：比使用同步带的"Boxer"，重量轻了大约20千克；每个气缸有四个气门，所以排气量4390毫升增加到4943毫升；功率提高约10马力，也在换档变速时提供了更多弹性（最大转矩多出了10%），车速也变得更快（最高车速290千米/时）；燃油混合气体则通过博世机械式喷射系统喷出，能确保变速顺畅，这点备受顾客喜爱；多管底盘的主体位于中段，增加了舒适感和稳定性；还有包含防倾杆和筒式减振器的四边可变形悬架系统；4个车轮都安装盘式制动系统，但没有防抱死制动系统(ABS)或伺服控制功能。法拉利技师们凭着Testarossa实现重大的突破，也获得了美国这个重要市场的认可，Testarossa一经推出便立即热销：等候名单上的交车日期，最长要等上两年！到了1984年，Testarossa估计已经生产超过100辆，为1966年问世、走传统路线且速度飞快的Berlinetta系列及其衍生车款（例如550 Maranello）所获得的成功锦上添花。凡是购买Testarossa的车主，都能放心信赖它的标准空调系统、可调方向管柱和座椅，以及可电动调整的高级后视镜；与同时期的其他顶级跑车相较，它缺少了电动座椅、ABS、循迹控制系统、行车计算机，以及安全气囊——尽管没有这些功能，它也绝对是一辆独特、刺激、适合速度爱好者的车，车速最高可达291千米！加速时间不到15秒，但驾驶它需

P150-151 Testarossa这个极致的Berlinetta车型，破例推出了Spider版本；恩佐为詹尼·阿涅利打造了一辆银色的款式，也为奥利维·尚德比昂制造了一辆黑色的款式；机械结构保持不变，车长同样超过4.48米。

要全神贯注，因为车子偶尔会突然过度转向，相当不好控制；在低速下转向甚为费力，几乎就像在驯服一头有400马力、重量有55%集中在后轮轴的"野兽"。能驾驭这辆车的仅有少数不凡人士，而能让它发挥到极限的人更少；驾驶它非常过瘾，但并不适合在湿滑路面上进行，因为当时电子监控系统尚未出现；此外，这也是最后一款使用中置发动机的法拉利"大型"车。

技术规格
Testarossa（1973年至1976年）

发动机：180°夹角的中置V12

排量：4943毫升

缸径及行程：82毫米X78毫米

双顶置凸轮轴，以同步带传动

每气缸四气门

输出功率：390马力（7500转/分）

5档变速器

四个通风盘式制动系统

轴距：2550毫米

车长：4485毫米

车宽：1976毫米

车高：1506毫米

整备质量：1506千克

最高车速：290千米/时

法拉利 288 GTO

1984年似乎是法拉利极盛的一年：126 C4具备了为法拉利重新夺得睽违十年之久的F1世界冠军的各种条件，不过后来未能如愿（米切尔•阿布历图在车手榜排名第四）。当时的顶级车款Testarossa年产近3000辆。此外运有288 GTO（288代表发动机排气量和气缸数量，"GTO"则令人想起20年前所向披靡的GT跑车），这辆车有引人注目的外形，最重要的是双涡轮增压器，下一款搭载这种发动机的是3年后发布的另一个法拉利顶级车款——1987年的F40。这个新车款起初是计划限量生产的，但因订购热烈，最后共制造了272辆。为竞速而生的它车速可达到惊人的300千米/时以上，这辆可合法上路的豪华跑车时至今日仍令众人印象深刻。设计师之一的尼克拉•马札尼（Nicola Materazzi）回忆说，这款GTO于1982年曝光，当时恩佐本人强烈要求生产一款"绝不沦为二流的跑车"，为了节省时间和金钱，他们想到使用涡轮增压器，而且还是双涡轮增压器，不过零件则是用现有的产品，他们从308 GTB的8缸发动机着手，每个气缸有4个气门——后来也用于只要调校得当，便可输出400马力的蓝旗亚LC2。外观设计大致维持原样，只有一些细节的变化，特别是为了符合空气动力学而修改的尾端，上有多条横向狭缝，还有精短的车尾，上面的扰流板非常显眼，以及发动机盖上的散热器散热孔，最终生产的是一辆特色鲜明的Berlinetta，长度比先前的308多出6厘米，宽度则宽出20厘米。只提供红色涂装的288 GTO很快就达到了销量200辆的目标（60辆销往美国，45辆留在了意大利，其他则销往其他国家），但是需求太急切了，最后马拉内罗将生产数量增加到272辆。像288 GTO这类极限公路跑车系列的成功，促使法拉利后来又构思出了另一款同类的超级跑车。这款

技术规格
288 GTO（1974年）

发动机：90°夹角的中置V8
排量：2855毫升
缸径及行程：80毫米X71毫米
Weber Marelli缸内直喷供油系统
输出功率：400马力（7000转/分）
5档变速器，搭载自动差速器
轴距：2450毫米
整备质量：1160千克
车长：4290毫米
车宽：1910毫米
车高：1120毫米
最高车速：305千米/时

GTO保留了308"竞速"与"家庭"兼具的质感，同时又有几个将它与原型车区别开来的特点——后方更大的"扰流板"和位置变高的后视镜。

车舱内部也维持简单、基本的基调，符合Berlinetta这个比赛车型的特色；其中最与众不同的是它独特的风格样式，例如仪表板外框采用麂皮、不能调整高度的方向盘、华丽考究的赛车桶形座椅，以及在过弯时可以提供稳固抓地力的赛车轮胎。驾驶人以标准的赛车坐姿坐在座椅上（附头枕），座椅可以调整、向后倾斜；主要仪表设在驾驶座前方的小型控制面板上，其他功能则设在座椅间的控制台，上面有一系列的控制项目，例如使用普通分段格板的变速杆，还有控制暖气和电动车窗的按钮和小拨杆。车舱中也有带着"老式"风格之处，像是起动按钮；车内没有放置行李的空间，因为前车厢已经放了备胎，座椅后方也没有空间，连一个大圆筒行李袋都放不下。这辆GTO当然不是为了成为一款舒适的公路跑车而创造的，它的任务是传达赛车手确切的感知（和些许的不适感），这在20世纪80年代实属独特；它有400马力，重1160千克，在公路上也十分敏捷。车主不用花什么功夫就能了解这辆车非常特别，也让人非常吃力：它很纯粹、很狂野，车上的电子装置绝不会减损此车的400马力，和小巧日本制涡轮的强大威力；在车里听着它压倒性的隆隆"声响"，对爱好赛车的驾驶人而言甚是过瘾。就这方面来说，这辆GTO处于法拉利GT跑车的过渡时期，即使这是一辆拥有大功率、随时都能大展身手的极致跑车，但负担得起此车的人仍能感到舒适愉快——愉快之处不只是在价格上；日后，它不凡的质量将会在1987年引起轰动的F40上见到，当然，也会经过大幅修改，GTO的优势后来也会重现在表现优异的赛车款式上。法拉利研究了能减轻车体重量，并让车子坚固耐用的改善方法，甚至有一款GTO Evolution，拥有680马力，还能在极高速度下保持抓地力，这都要感谢它的尾翼。

P152-153　288 GTO 搭载的 V8 双涡轮增压发动机、400 马力的功率和 300 千米 / 时以上的车速，让它在公路上也像是一团火球。它以复合材料打造，是一款长度极长，为公路驾驶而将配置轻量化、简单化的双座赛车。

P154-155 及 P155　288 GTO 很快就因其性能和良好的操控性而受到要求较高的忠实法拉利车迷的喜爱。车头和车尾的线条供进气口和相关通风口使用。这个车型总共生产了 272 辆（比原始订单多出许多）。

法拉利 F40

里程碑

　　这辆1987年打造出来的公路跑车，是法拉利超级跑车演化过程中的一大步，它展现了涡轮增压器的传奇实力，不仅在F1比赛中技压群雄，在量产车中也非常重要。有了288 GTO的成功经验，恩佐本人亲自监督打造F40，他想做出一辆更极致的车，而且无论既有的生产情况是否能应对，这辆车都要创造新的潮流。他的技师们交出了一辆突破过去、预示未来的原型车，于是在法拉利欢庆四十周年的时刻，这项计划也实现了（F40即是法拉利四十年的简称）。它是马拉内罗制作过最创新的车款之一，具有478马力（恩佐·法拉利原本希望至少有500马力），最高车速324千米/时；起初计划限量发售的F40颠覆各方预测，销售量远超过目标的一千辆，成了世界各地赛车迷与收藏家极欲一圆的梦想，甚至是市场投机买卖的对象。这个时期的法拉利已经是一家真正可靠的汽车制造商，1773名员工每年生产3902辆车。若说F40的发动机是利用8缸发动机加以大幅修整，并使用两具日本制涡轮增压器，那么其余部分就是将长期研究结构、材质、空气动力学与F1技术的成果转化到量产车上，而最后的结果就是法拉利公司与跑车界不变的翘楚——宾尼法利纳所设计的"Berlinetta"车身。F40最大的特点是大大的尾翼，高速行驶时能将车体下压、保持平稳，确保输出的多余功率转移至地面，亦证明了为车子的平整底盘所做的空气动力学研究十分准确，因为下降而产生的"地面效应"对车子的抓地力与稳定性至关重要。F40的体积颇为小巧：4358毫米长，1970毫米宽。参与过研发工作和有机会试驾以体验其功能的人，都将它定义为一辆"卓越非凡"的车。F40与1987年7月发布的另外两款原型车，是在仅仅13个月的时间内一起设计并打造完成，这是一款"可合法上路"的赛车，是世界级的跑车，在细微处也特色鲜明。举例来说，它的底盘以复合材质制成，比如碳纤维、铝合金和克维拉纤维蜂巢板，还有轻量化的材料，如镁，这是车子重量能控制在1100千克的关键。

　　它在商业上也大获成功，日产量从1.5辆增加到原来的三倍。

　　真正的跑车并不以舒适为优先考量，而是以让驾驶人轻松操控为目标，所以会将各种装置和配件减到最少，因此F40的车内空间很简单，没有特别的附加物件，内饰为黑色，各种操纵仪器则分散在各处。驾驶座是造型美观且舒适的赛车座椅，可以滑动，附有固定式头枕和驾驭感近乎完美的方向盘，以及轻质合金制成的宽型可调式踏板。另有一个为比赛而设的起动按钮、曲面水晶玻璃车窗和空调系统。因为跟前油底壳相连，因此几乎没有放置行李的空间。车上没有备胎，但是准备了一个紧急灭火器。

P156-167　一经推出就受到狂热车迷的热烈追捧，它承袭自288 GTO的经验，将动力增强到极限。宾尼法利纳设计的底盘以复合材料打造并结合大片尾翼，更加符合空气动力学。

P158-159　在搭载中置V8双涡轮增压发动机的288 GTO大获成功后，F40也使用了1986年的设计。这辆为庆祝建厂四十周年而打造的车由恩佐·法拉利本人亲自监造，是一辆能合法在公路上行驶的赛车，性能极致且十分可靠。车体（只有46千克）以碳纤维、铝合金和克维拉纤维蜂巢板打造，上有许多为散发曲轴和车底热气而设的进气口和通风口（后车窗也有）。

F1 级的操控和技术

F40的底盘主要沿袭了 288 GTO使用过的配置，金属管状构造维持法拉利的风格，加上总重117千克的高刚性复合材质板；四边形的悬架系统中包含可做三种调整的减振器和一根防倾杆；GTO式的设计构思在排气量几乎有3升的V8发动机上臻至完美，它改善了冷却效率，也变得更强劲有力；发动机含有四个气门和两具体积小巧、配备横置大型中冷器的日制涡轮增压器；这些零件会释放大量热气，因此车身上有帮助通风的进气口和通气口，甚至在延伸到机械结构上方的后车窗上也有。F40是一个为优异性能而设计的车款，也确实满足了驾驶人对极致、强劲表现的期望，赛道测试中，它的车速达到326千米/时，而且车速从0加速到100千米/时仅需4.56秒——这在20世纪80年代是非常出色的结果。它拥有强大的制动系统，虽然没有伺服控制和ABS，依然能有效缩短制动距离。功率效能包括贴地性和抓地力，这些大多是在赛道上进行测试，因为要考量车子本身所能达到的速度极限。

P160-161 造型鲜明但线条细致的车头上有为车底设计的通风口，能增加高速行驶时的抓地力；穿透系数甚佳（风阻系数为 0.338），在赛道上创下了车速 326 千米/时的表现。

P162-163 气流在F40上扮演了重要角色；此图为前排进气口的叶片；车门后方是为散热而设的进气口。

法拉利 348 TB/TS

恩佐·法拉利（1898—1988）离开他钟爱的工厂已经超过一年，公司也有了新的总监，赛车世界瞬息万变，也实行了一条新规定：F1不再允许使用涡轮增压发动机。于是法拉利重新采用最初的王牌，即V12发动机，再搭配由约翰•巴纳德设计的全新车体。当时F40和Mondial T都还在生产，348 TB也加入它们的行列，伴随着排气量提升至3405毫升的8缸小发动机，不过发动机直列，手动变速器却改成了横置，每个气缸有四个气门，输出功率可达300马力。348系列一直留在市场上，直到更进化的F355于1994年推出。新的V8发动机为驾驶座后方的散热器腾出了空间。一如往常由宾尼法利纳设计的车身（但由斯卡列蒂以钢板和铝合金发动机盖打造）也有了改变，采用了法拉利新风格的细节，例如座椅旁的横向进气口（与Testarossa类似）；倾斜的车头、小型散热器罩和前照灯保持合而为一的样式；车身线条依然流畅，没有突兀的棱角且细长的车顶柱，都是宾尼法利纳惯常的风格。348 TB的长度短了2.5厘米，但轴距多出10厘米，这些改变都是为了加大车内空间。与这款Berlinetta一同推出的还有348 TS，它其实是一个"可收纳式硬顶"版本，它非常受欢迎，特别是在美国。"真

P162-163　1986年以Berlinetta式和敞篷式版本发布的348 TE 与 TS（Spider版）依然保有V8发动机和横置手动变速器。

P164-165　车尾线条充满了宾尼法利纳为"掀背式"法拉利跑车设计的风格，包括延长的车顶边框和伸展到两侧的宽幅后车窗，非常通风的格栅则是后来加上去的。

正"的Spider版本则是4年后才出现,使用的是帆布顶篷。有了新设计的车体和更宽敞的空间,车内的设备和布置也改善了:广泛使用真皮,大量贴附衬垫的控制面板上使用的人造皮革也经过细心处理;驾驶人能以可调式方向盘更舒适地操控车子;空调系统在任何情况下都能完美运作;成套的指针式仪表也一目了然;然而,在新的中置发动机车款上,缺乏行李放置空间的问题仍然存在——虽然没了备胎,空间还是很小(尽管法拉利设计了专用行李箱组),只有座椅后方的空间容得下几个行李袋。

机械设计方面有许多进步:V8发动机为横向放置,手动变速器也是横置;发动机排气量增加,输出功率也从270马力提升至300马力,装载在钢制车体新采用的承载式结构上;车架后方的格子结构就是放置发动机和手动变速器的地方;轴距比328多了10厘米,轮距也跟着增长,创造出不同的驾驶体验;通风盘装了自锁式ABS,然而转向系统并没有助力辅助;发动机排气量从3.2升增至3.4升,安装形式也有了改变——改成纵置,而不像手动变速器那样保持横置;变速系统则维持5档。这些改进除了改变重量的分配(57%在后方),也改善了驾驶情形,但同时也更容易受干扰,尤其是遇到潮湿路面的时候,只要加速踏板踩深了,输出功率冲高,会使车子产生急速反应和方向偏离并引发甩

尾现象，经验较少的驾驶人容易引发问题。这辆车的车速能超过270千米/时，发动机也会发出畅快的轰隆声（马拉内罗技师们特别研究过的一项特色）；悬架系统的效率很高，但对平和轻松的长途驾驶而言，作用并不大；正是因为它那些几乎足以参与竞争的赛车特质，348在1993年被选中进行只有法拉利客户才有资格参与的第一届法拉利挑战赛。外国客户对这辆小巧的跑车甚为惊艳，对它动静皆宜的发动机更是印象深刻：低速下沉着稳重，转速达到4000转/分（只有最高转速的一半）时即产生变化，超过5000转/分后就像会喷火一样，把对手甩在后头；它的性能之高超达到令人紧绷的程度，因为转向过度与不足会迅速交替发生，在高速行驶时会令较不机敏的驾驶人感到恐惧。尽管制动系统非常有力、效能高，并具有ABS，但还是应该经常注意一下轮胎情况才是上策。

P166-167　348 TB/TS 生产了5年，这个系列在两侧沿用了 Testarossa 特有的空气"导流片"；空气动力学效能有很大的进步，风阻系数为0.32。

技术规格
348 TB（1994年）

发动机：90°夹角的中置V8
排量：3405毫升
缸径及行程：85毫米X75毫米
博世电子喷射供油系统
输出功率：300马力（7200转/分）
5档变速器

轴距：2450毫米
车长：4230毫米
车宽：1894毫米
车高：1170毫米
整备质量：1393千克
最高车速：275千米/时

20 世纪 90 年代
GT 跑车的崭新构想

日本车厂在汽车界攻城略地，就连法拉利这样有名望的制造商似乎都难以幸免，不过，马拉内罗还是创下了4595辆车的年产量纪录。接着生产量便开始下滑，到了1996年，走后现代风格的550 Maranello登场，它是马拉内罗的新古典主义车款。355 F1这辆既快速又小巧的V8跑车，是在各种车速下皆游刃有余的王者。经过小幅的衰退后，法拉利的产量再度上升，并在1995年超越3000辆。同年，3.5升的小车355诞生，同年诞生的还有另一款大型法拉利跑车——F50，这是一款F1赛车的双座敞篷版，此车型惊艳了全世界，并生产了349辆。F50和F355 Spider的推出，提前为法拉利庆祝了建厂五十周年。1996年，迈克尔•舒马赫分别在比利时与意大利大奖赛得到他转入法拉利后的第一个和第二个F1分站冠军。1997年，法拉利启用新的风洞，也装置了第一批电子式变速杆，并持续用于GT跑车。1998年的重点在于良好的财务走势，和改良后首次露面的2+2人座456 M的发布。1999年，虽然"车王"舒马赫在大奖赛系列的最后几分钟拱手让出世界冠军，但法拉利车队仍抱回睽违十六年之久的车队冠军，也算是个安慰，法拉利在F1赛场上势如破竹的胜利，终将于2000年到来。

法拉利 456 GT

小尺寸，大空间

法拉利在F1的表现令人失望，最主要的原因是有重大变革的赛车F92 A，这辆车理论上极为出色，实际上对法拉利的两名车手——尚•阿雷西和伊凡•卡培里（Ivan Capelli）来说却是灾难一场，他们在大奖赛中根本无法与领先集团竞争。反观生产情况则有了很大的变化（2419名员工生产出4833辆车），而1972年推出的"老车" 365 GT4 2+2亦在1976年演变成了400 GT系列，法拉利持续发展这个系列，并一直保持这款车的市场竞争力。

技术规格
456 GT（1992年至2004年）
发动机：65°夹角的V12
排量：5474毫升
缸径及行程：88毫米×75毫米
博世电子喷射供油系统
输出功率：442马力（6250转/分）
6档自动变速器，3组齿轮位于后轮轴
车长：4730毫米
车宽：1920毫米
车高：1300毫米
整备质量：1690千克
最高车速：309.5千米/时

直到1992年456 GT出现——这个车型展现了法拉利设计工艺的精华，注定它要持续生产达十年以上，并在开始销售四年后推出了自动档版本。车子的外形有了一次彻底的跃进，从原本方正、稍嫌冷酷的样子转变为412那种更时尚、更具曲线美的线条，而这样的造型也在法拉利后续的四人座款式中继续使用。设计此车型的技师罗伦佐•拉马齐奥堤表示，他对这个作品很满意："直到今日，456在我心中还是一大成功；也许我还可以把前轮再往前移大概15厘米，因为轴距太短了，不过在那12年之中，我们并没有做很多改变。" 456很令人赞叹，它的长度比412短了8厘米，轴距也短了足足10厘米，不过宽度却多出13厘米，并按照空气动力学定律，在车首设了为数众多的气窗。最显眼的是加宽的侧面线条，这后来也成了法拉利设计的重点；新的底盘更符合当代的空气动力学要求（风阻系数为0.336，非常完美的数字）；同样成功的还有车尾的排气口，上有超小型阻力板，能让后轮轴在高速行驶时保持稳定；车底则是取自第一批的流线型车底之一，以增加车子的抓地力；车体很轻，车门和车顶都使用钢板，目的是追求轻量化：1690千克，比前代车款412的1885千克还要轻。重量分配也下了功夫，以达到最理想的效果(51%在前轴，49%在后轴)，增进操控性、稳定性，以及乘客的舒适感；此外，悬架系统有三种强度可以选择（舒适模式、一般模式、赛车模式）。456的每一个细节都以先进技术与意大利手工工艺完成，确保车子提供最极致的舒适感，最终呈现的是一辆适合长途、舒适、高速驾驶（最快纪录为车速310千米/时）的双门2+2座轿跑车。它

非常舒适,有最高级的座椅,并以康诺利真皮和人造皮革装饰。让车内空间感觉再舒服不过。在车上能享受各种大小便利设施,例如空调系统、收音机、仪表、调整与控制设备都在手边,必要时输出功率可以直冲442马力。到了这个时期,汽车都必须有安全配备,所以这辆车配有ABS、车门防撞钢梁和双安全气囊,但没有防滑及防侧滑装置。行李箱容量是惊人的316升,配合量身打造的专用皮箱组(很美观,也很昂贵),即能达到最佳空间利用。456 GT是让要求较高的客户也倍感满意的顶级车型,尽管潮流(以及汽车)时时改变,它仍持续销售了很多年。

这辆车的动力系统很高级,使用所谓的联合传动器系统(发动机在前,变速器在后)、双顶置凸轮轴V12发动机和博世间接喷射供油装置;这款非凡的发动机以质轻的合金铸成,重235千克,配备了双顶置凸轮轴和同步带,每个气缸有四个气门,优异的输出功率可达442马力(这毕竟是一辆法拉利),发动机转矩也非常棒,确保了车子在路上的灵活性;它拥有一个6档自动变速器,其中三个档位在后轮轴,并有自锁差速器,如此便能将后轮的动力分配得更好;一切机械零件都装置在新的管状底盘上,有四边形悬架系统和电子控制(独立)悬架系统(有三种不同设定和控制面板)。在道路上,体积庞大的456虽然重达1690千克,却也没让人失望:它的车速达到310千米/时,平稳向前飞驰,前进路线也维持精准,车身摇晃的状况很少,转弯时亦能保持抓地力,且能灵敏反应驾驶人的指令,它无疑是十分优秀的轿跑车,它的发动机与性能更证明了这个车型是舒适及安全行车的保证。

P170-171　1992年诞生的456为20世纪90年代的法拉利设计铺出了一条新的道路;外观同为宾尼法利纳设计,456的联合传动器机械配置是20世纪70年代的275 GTB新版本。

P172-173　456的配置相当精确,有些传统,但对四人座的跑车而言很平衡。其外观直到2004年的612Scaglietti出现前,几乎没有改变。

法拉利 F355

优良的意大利式设计

法拉利在F1有东山再起的迹象,虽然新的412 T1赛车(由尚·阿雷西与杰哈德·伯格驾驶)还无法将法拉利带上顶峰。这时量产方面火力全开:工厂总共生产了2639辆车,其中也包括F355,这辆使用八缸发动机的小车是法拉利经营权从皮耶罗·傅萨罗(Piero Fusaro)手中转移给卢卡·克劳德洛·迪·蒙特泽莫罗(Luca Corderodi Montezemolo)的转折点。F355看似为普通的348进化版本,但它实际上是一个全新的车型。这场进化沉默地进行着,却在无声中留下了印记,一如往常的,车款的名字蕴含意义:"35"代表发动机排气量(大约3.5升),最后面的"5"则指每个气缸是新颖的5个气门。F355毫无疑问是一辆法拉利跑车,从外表就看得出来:小型散热器罩、倾斜的发动机盖与车灯合而为一,车身侧面有进气口,车顶与后窗框向后延伸,几乎达到车尾,框出了为发动机保留的空间。它的尺寸与前一代的348几乎完全相同:长4.25米、宽1.9米、高1.2

米。F355上市一年后，也推出了完全敞篷的Spider版本，另外还有虽然移除散热器罩，但增添了可移动顶板的355GTS。

这是法拉利公路跑车中第一辆采用F1设置的车，例如每缸有5个气门（3个负责进气，两个负责排气），此外亦有序列式变速器。宾尼法利纳的设计与斯卡列蒂打造的钢制结构让跑车感十足的F355变得更舒适了：驾驶人一坐入车中，即能享受理想的跑车空间。针对平整车底进行研究所获得的进展，虽然无法具体展现，但在F1车坛却是非常关键。前一代的348 GTB有一部分保留了下来，例如发动机盖和前翼子板，另外还取消了车身两侧为侧置散热器所设的进气口。一系列的装备提升了这辆跑车各方面细节的质感，赋予了它法拉利的格调，让它不断驱策前进，实现其出色的空气动力学负载成果，将自动调整的悬架系统发挥到极致，超越对手的车型。

P174-175　1995年推出的F355 Spider是一款不失优雅的敞篷式跑车，也是马拉内罗小型车款中不变的经典。它的输出功率可达380马力，拥有可调整悬架系统，最高车速有295千米/时。

P176-177　F355的竞速天赋彰显在1994年的Berlinetta版本上，这个全新车型搭载3.5升的纵向V8发动机、6档手动变速器和伺服方向管柱。

177

"一马平川"、快速安全的驾驶体验

F355和348一样,尽量降低了驾驶座在车舱中的高度,其车舱是中置发动机跑车中条件最好的;所有内饰材料都是最高等级:康诺利真皮、人造皮革、量身制作的地毯与塑料;各种控制开关都设在适当的位置,打造出一辆实用、讨人喜爱的车,不但适合驾驶出游,也适合高速行驶;车上有惯例的指针式仪表和数种指示灯。法拉利不只是制造赛车,也愈来愈着重于工艺与设计的结合,车内空间同样出众:指针式仪表一目了然(不过许多地方要视可调式方向盘的高度而定),而且除了跑车感十足的打孔脚踏板外,还有一个中控台,附有法拉利知名的换档面板,供6档变速器使用;此外还有空调及电动后视镜的控制钮;这辆车没有备胎,取而代之的是一个紧急灭火器;前车厢的空间足以容下两个行李箱(座椅后方的平台也可以利用)。若要说F355的机械结构是采用348的优良配置,那么空气动力学方面就向前迈进了一步,将气流运用到极致,在可保持抓地力的下压力与能达到增快车速及省油效果之间求得平衡;前方的窗口将往外的气流导至车底与变速器同高,另外因为垂直搭载的关系,也决定了变速器的形状;针对空气动力学所进行的研究看来是F355在道路上表现优异的关键因素之一。这是辆车速极快的Berlinetta,测得的最高车速为295千米/时,从车速0加速到100千米/时仅需7.4秒;380马力的V8发

P178-179 这款 F355 是法拉利第一款以钢及铝合金打造并配上电动顶篷的 Spider 跑车。图中能看到侧面为 V8 发动机所设的进气口和后轮盘式制动器。

动机使得高速驾驶十分令人满意，但让太多的快感冲昏头就不好了，因为强大的功率随时一触即发，尽管配备电子安全措施（ABS、防滑和加速防滑系统）以应付突发状况，驾驶人仍应留神。操控不但变得更精准、更快速，之前348会不时发生的突发反应也被消除了，而且还是一样的机械结构。像这样的进步提升，在1999年的F360 Modena推出时又得到了更多的赞赏。

技术规格
355 GTB（1994年至1999年）
发动机：90°夹角的V8
排量：3496毫升
缸径及行程：85毫米×77毫米
博世电子喷射供油系统
输出功率：380马力（8250转/分）
6档手动变速器
轴距：2450毫米
整备质量：1350千克
车长：4250毫米
车宽：1900毫米
车高：1170毫米
最高车速：294.97千米/时

法拉利 512 M

最后的巨人

技术规格
512 M（1994年至1996年）
发动机：180°夹角的V12
排量：4943毫升
缸径及行程：82毫米×78毫米
双顶置凸轮轴，以同步带驱动
每气缸4气门
输出功率：440马力（6750转/分）
5档手动变速器
4个通风盘式制动器
轴距：2550毫米
车长：4480毫米
车宽：1976毫米
车高：1135毫米
整备质量：1455千克
最高车速：315千米/时

20世纪90年代，那些能在赛道上以300千米/时车速奔驰、快速又最具赛车特质的跑车有了一些变化，同样地，车手也变了，他们必须尊重赛场上的限制，但也希望能在不造成驾驶负担的情况下，快速又舒适地驰骋。法拉利比其他车厂更早一步注意到当时引发骚动的问题，并且开始慢慢改变自己：工厂的年产量超过2600辆，但仍得推出吸引人的新车款来迎合要求最高、最忠实的客户。512 M是此车型的最后代表车款，这种车当时已逐渐没落，尽管它过去风光一时，但现在它即将被身负不同前景的车型取代——它是365 GT4 BB系列的后继车款，该车系于20世纪70年代推出，但始终盛行，因为它有分成两排设置的独特的Boxer12缸发动机，而这台发动机在经过二十多年的发展后，已经到了现代科技能够支援的极限。这款Boxer发动机排气量为4943毫升，重224.5千克，每个气缸有4个气门，另有燃油喷射系统，功率达440马力，转矩亦很强大，即使是一般程度的行驶，也有很大的助益。这辆双人座的Berlinetta跑车由宾尼法利纳设计、斯卡列蒂以全铝合金打造，与旧车款的做法相符，但线条较之前鲜明了些，非常易于辨认；车长4.5米、车宽2米、车高1.135米；车头向前移，车身仍然很低，内含侧置散热器(与Testarossa相同)；车身线条变得更加圆润，和赛车用的竞速原型车相似；其中一些风格独具的线条则永存于汽车设计的历史中，例如延伸至车尾的车顶边框和侧面的气窗（也因此有了"起司刨丝器"的昵称）；拥有20年历史的跳灯已不复见，现在车头上是拥有大胆性格的法拉利经典散热器罩（仅供空调系统使用）和覆上玻璃灯罩的前照灯；新的车头结构让容积250

升的前车厢可放置行李。其他特色包括：18英寸大轮胎专用的新型螺旋状轮毂（可拆卸），以及愈来愈精确的空气动力学研究——就连车底也顾及到了。精致的内饰包含康诺利的真皮座椅，做工精细、外形讲究，乘坐舒适且可调整，尽管许多人偏好将其改装成主要部分用复合材质制成、以极限运动为目的的赛车座椅。指针式仪表分别设置于两个仪表板上，一组在驾驶人面前，另一组较小的则连接在下方。中央扶手的中空部分上方装设了全部的功能控制钮（从空调至灯光与座椅调整皆包含在内），大部分空间则由经典的换档面板和装设其中的变速杆占去。驾驶人拥有最佳的驾驶条件，因为除了电动座椅之外，方向盘亦可视喜好调整。车内空间全部是雅致的康诺利真皮装饰。考虑到512 M发动机在驾驶人后方排出的大量热气，空调系统效果迅速，效能也很高。

只需要一眼，就能看出这辆车并非每个人都能够驾驭。从另一方面来说，在将车子性能发挥到极限时，毫无疑问，驾驶人必定要格外谨慎与温和，因为车子的输出功率和重量（1455千克）会令它在受到必要之外的推进时产生很大的反应，而当时电子驾驶控制系统尚在开发中。不过，考虑到512M是一项不怎么时兴的技术最后一辆代表车型，令最热情的法拉利忠实车迷因为其魅力与威猛性能而深深怀念它，也因为它是无与伦比的工艺成就，并沿用了F1与竞速原型车的技术，即便到了今日，它也被视为收藏家的珍品和博物馆的珍藏，在拍卖市场的身价亦居高不下。此车型有一些由宾尼法利纳和设于米兰的帕维西设计公司（Pavesi)改装成了 Spider 版本。就如同512 M车头造型所表明的一样："它根本无法以不违反其原始精神为前提，而在外观上做重大改变，但它还是成了20世纪90年代的一个重要象征。"

P180-181　512 M 是 1984 年的 Testarossa 最极致与最终的演进成果。它由宾尼法利纳设计、斯卡列蒂打造，拥有铝合金底盘和钢制的车门及车顶。5升的 Boxer 发动机可输出 440 马力，但车子的重量保持在 1455 千克。这个车型量产了 10 年，直到 550 Maranello 的出现。

P182-183　512 M 的造型非常独特，最特别的是两侧为后置散热器及 Boxer 发动机而设的条纹进气口。车头明显前移（1095 毫米），这样的特征也有助于车子达到 0.36 的风阻系数和 315 千米／时的最高车速。

法拉利 F50

来自另一个世界

1995年5月,这辆全新设计的法拉利超级跑车宛如从外太空到来,就好像是一辆在道路上穿梭的F1赛车。它搭载一向非凡出众的4.7升、520马力V12发动机,所以能达到令人惊叹的优异性能。经过整整四年的设计,找出最理想的配置方案后,这个车型仅为收藏家限量生产(350辆);底盘以极轻的碳纤维打造,重量仅102千克,但是极为坚固,而车体材质同样是使用碳纤维;车型是Spider-Berlinetta,它在最挑剔的法拉利忠实车迷眼中并不算最美丽的车型,但其功能性毋庸置疑。在这辆车据称可达到的极致性能背后,投注了呕心沥血的空气动力学研究,并使用源自于F1的"推杆式"悬架系统,不过它在一般道路上和在赛道上一样适应良好,毕竟它本来就是为行驶在道路上而设计的。F50的外观非常醒目,尽管许多人并不认为它的造型好看,但它仍是宾尼法利纳煞费苦心,进行漫长的空气动力学研究后所展现的成果。它是一辆小巧的Spider轿跑车(长约4.5米),具有相当大的空气动力学负载量(310千克),特别是在车尾(65%)。在以最高速度(车速3˙0千米/时)行驶时才能达到更好的稳定性。此车款预留的驾驶位置几乎就在前轮轴上,后轮轴上方则是有着大大固定阻力板的巨大车尾,而且让操控变容易。在加速行驶,气流通过车底时也能确保强大的抓地力,这款底盘之前已率先使用在Mythos上。它是1989年推出、由宾尼法利纳设计的"梦幻车型"。车后方位于防倾杆上方的两块隆起具有装饰作用,也是F50的特色。车身轮廓展现了空气动力学研究的成果,风阻系数为极佳的0.36,但也有轻微的下压力作用,以确保高速行驶时的抓地力。这些功能都因为车身前方及两侧的进气口,充分利用迎面而来的气流而得到加强。并非全部的功能都尽善尽美,但它们满足了空气动力学方面的确切需要,也让研究结果不流于空谈,对由宾尼法利纳设计的法拉利后继车型而言,它们也有很大的助益。

技术规格
F50 Berlinetta-Spider（1995年）

发动机：65°夹角的V12
排量：4698毫升
缸径及行程：85毫米×69毫米
双顶置凸轮轴
每气缸5气门
输出功率：520马力（8500转/分）
6档手动变速器
4个通风盘式制动器
轴距：2580毫米
车长：4480毫米
车宽：1986毫米
车高：1120毫米
整备质量：1230千克
最高车速：325千米/时

P184-186　为庆祝法拉利建厂50周年而推出的F50，是一款极致的中置发动机Berlinetta跑车，拥有12个气缸与令人赞叹的性能，可输出520马力的功率，车速可达325千米/时。

P186-187　车辆前端凸显了空气动力学的研究成果，有为散热而设的进气口，以及有对应排气口的制动。这辆Berlinetta型的赛车几乎就是一辆搭载12气缸的F1赛车，即使在一般道路上也很容易驾驶，但它是限量生产车型（349辆）。

毫无累赘：这就是法拉利

为了减轻重量，极为昂贵的F50除了"法拉利式"驾驶体验所需的一切，此车没有任何多余的部分。从车体结构雕塑出来的驾驶舱，是以橡胶衬垫、康诺利真皮和座椅（有两种尺寸）上一种特殊透气帆布结合而成的极简内饰装饰。另有整合指针式仪表（车速表与转速表）及数位式油耗仪表（汽油与机油）的基本仪表板和控制台。仪表板遵循车厂的惯例，与F1赛车的仪表板相似，并以微处理器控制。它极为简洁，但非常实用，表面结合了皮革与碳纤维。方向盘是固定的，不过驾驶人仍能藉由调整座椅，找到最合适的位置。最常使用的控制开关就是方向管柱上的功能拨杆。

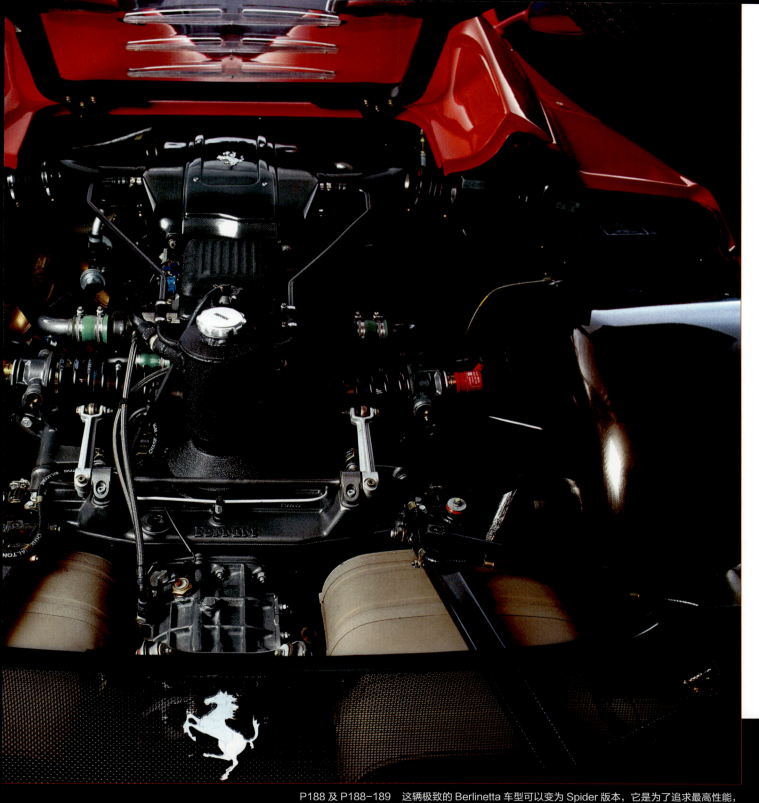

P188 及 P188-189　这辆极致的 Berlinetta 车型可以变为 Spider 版本，它是为了追求最高性能，从风洞和电脑中创造出来的，车辆后方有一个能保持抓地力和稳定性的巨大尾翼，以及一具能排出内部和发动机气流的大型扩散器。这款最强劲有力的 V12 跑车配备一个置于纵置发动机和手动变速器之间的机油箱（6升），和水平减振器专用的减振控制系统。

体验极致快感

总而言之，F50在底盘配置方面几乎就是一辆F1赛车，只是底盘中段的碳纤维重量为102千克，是20世纪90年代单座赛车的两倍以上，再加上有各种金属零件，如悬架系统、散热器、风扇和防倾杆等，车子总重仅1230千克，当中包含比照当时F1赛车、以球墨铸铁铸造的V12发动机。气缸盖为铝合金打造，另有双顶置凸轮轴。悬架系统也是赛车使用的款式，具有四边形连杆和通过传感器传送信号至控制装置的减振器。虽然车上有许多电子控制装置，但驾驶体验对于寻求F1的快感和

520马力性能的人而言，却十分具有吸引力，即使只是日常往返也能轻松驾驭。这辆车不但是为了收藏家而生，也是为了狂热的车迷而生，其他各项基础设备（未配备ABS的制动系统、没有伺服机构的转向系统）在任何情形下皆表现理想，反应的精准程度就当时而言十分完美。即使从舒适感的角度来看，这辆以竞速为设计"哲学"的跑车也很令人满意。这些特质都是后来即将问世的法拉利跑车拥有的指标，而马拉内罗亦持续创造出像这样的极致火焰车，2002年的Enzo车型即可证明。

P190-191　F50引人注目的车头：带有通风口和碳纤维的特殊车体造就了这辆极限跑车的造型、空气动力学与安全性，法拉利也在这个部分注入了由F1激发的概念。

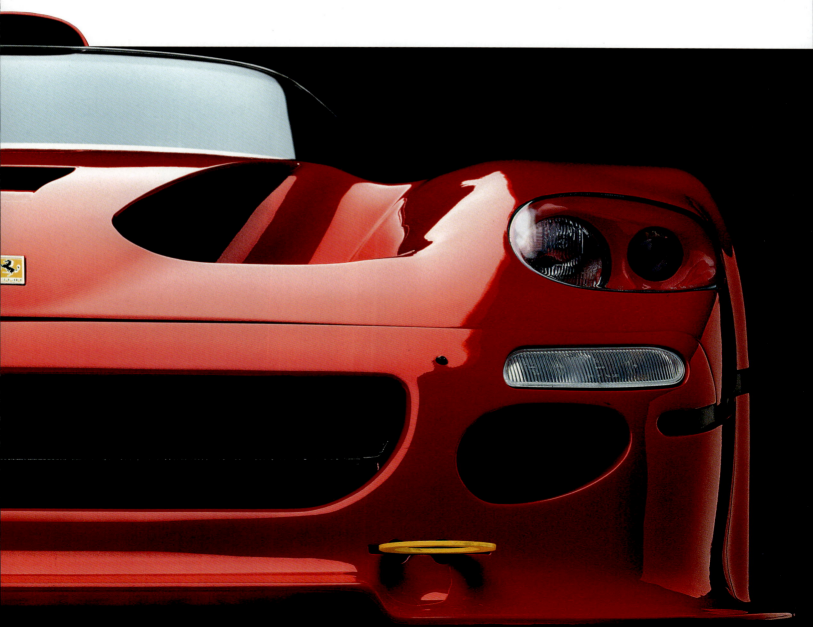

法拉利 550 Maranello

法拉利在F1赛场上洋溢着一股新气象，新加入的两届世界冠军得主迈克尔•舒马赫，对于法拉利自1979年之后便无缘再夺下的世界冠军头衔志在必得。公路跑车的生产情况也令人惊喜（3363辆车），此外，自1972年起就一直是王牌车型的Berlinetta亦被较为传统的550 Maranello取代了（550指的是转为前置的V12发动机的排气量）。这个车款采用了一些20世纪60年代的轿跑车配置：前置发动机、联合传动器系统，以及四轮独立悬架系统。大体上它看似1968年那款令人难忘的Daytona，当然，经过将近三十年的发展，许多方面都更完善了：电子装置出现、空气动力学有了进步、悬架系统也能迎合市场上的新要求。到了这个时期，光有强大的性能已经不够了，除了具有极高的输出功率（485马力）外，这辆车的特色也不会再令驾驶人戒慎恐惧，因为电子设备（ABS、防滑制动系统……）排除了大部分在高速驾驶时会发生的问题。Maranello（拥有绝佳的空气动力系数，风阻系数为0.33，这都要感谢耗时5000小时的风洞测试成果）是一辆车速最高可超过318千米/时、长途驾驶也很舒适的Berlinetta车款，此车还配备超级跑车市场所讲究的精致配备，在宾尼法利纳设计的新外形中，出现了过去流行的线条，例如精短的车尾，以及将小巧车舱往后移的趋势。车舱设计可让两人舒适乘坐，还有一个能放置行李以外杂物的平台。它是一款感觉舒适讨喜的轿跑车，深得所有法拉利车迷喜爱，也因为这些特色，它持续量产了六年，之后取而代之的是575 Maranello，550 Maranello 的升级款之一，它在各个方面都有所改变：车内空间布置完全走经典路线，但即使面对新的潮流，575 Maranello依然是一辆能满足20世纪90年代高速驾驶需求的车。驾驶座前相辅相成的两个仪表板，让指针式仪表有了更好的安排。几乎所有的控制开关都在

技术规格
550 Maranello（1996年至2002年）
发动机：65°夹角的V12
排量：5474毫升
缸径及行程：88毫米X75毫米
每气缸4气门
博世电子喷射供油系统
输出功率：485马力（7000转/分）
位于后轴的6档手动变速器
整备质量：1100千克
车长：4550毫米
车宽：1935毫米
车高：1277毫米
车重：1690千克
最高车速：320千米/时

中控台上,座椅则是精心制作,适合所有的驾驶人:它有八段高度可供调整,并可指定换成赛车座椅。所有细节都与车子的等级、前方双安全气囊和自动空调系统很相配。行李箱稍微显小(容积185升),但与座椅后方的空间做了整合。内饰采用康诺利真皮与大气的装饰,同样满足了挑剔的法拉利客户,让他们即使在行驶中,亦能得心应手、毫无困难使用安排得当的控制装置。

这时的法拉利超级跑车回归经典配置,并根据新理论加以修改。于是联合传动器配置再度盛行,变速器(6档)在后轮轴,而前轮轴则搭载铝合金铸V12发动机,每气缸有4个气门,另有依几何变量排列的进水管和排水管,这也是沿用F1的做法。车身恢复为以金属板件加固的管状结构,这能减少噪声、提高舒适度与驾驶性,此外,还有一套独立悬架系统,当中的气压式减振器可做两段设定。为了加强抓地力,前轮轮距增加了4.6厘米。转向系统也由电子装置控制。配备了这些20世纪90年代的高质量机械零件和电子装置,这款Maranello在长途驾驭时的表现无与伦比,因为它搭载了那款极为强劲的V12发动机,在理想的行驶状态下,第6档转速可从每分钟1500转加速至8000转/分,即便遇到需要修正的小差错也无妨。手动变速器是设有档位面板的升级款,要再过一段时间,方向盘后方才会有换档拨片。至于那些完全看重性能的人最想知道的——这款Maranello的车速可以达到并超越318千米/时,从0加速到100千米/时仅需5.1秒,在当年没有其他跑车追赶得上。这样的优异性能在参与世界各地赛事的Maranello上也得到了印证,例如在1998年,一辆标准版于美国俄亥俄州一处椭圆形赛道,创下了以车速300千米/时持续行驶的纪录。

P192-193 传统古典的575持续生产了4年,在2006年被保留了其机械配置的599 GTB取代。

P194-195 575 M的纤细轮廓即保留了550的线条,两者具有一样的空气动力学系数(风阻系数为0.335),机械配置也相同。

法拉利 360 Modena

P196–197　1999年打造出来的360 Modena继承了前辈车型F355的线条，但重量比前代的Spider还轻了100千克，原因就在于大量使用铝合金材料。这辆车具有400马力的输出功率，以及与电子控制式变速器整合的纵置发动机。

P198–199　360具有协调的流线造型。平整的车底与轮廓、经过改善的底盘（风阻系数0.35）使得这辆车以290千米/时车速行驶时，抓地力亦有所改善。

风所塑造的轻盈之作

法拉利在1999年有一个很好的开始：它拥有最好的F1赛车（F399）和最优秀的车手（迈克尔·舒马赫），不过法拉利最后只赢得了车队冠军。公路跑车生产状况有所改善，年产量达到了3699辆。新车款360 Modena问世了：360指的是发动机排气量大约是3600毫升，而这辆车是小巧的"掀背式"车型的最新进化成果，在机械零件、空气动力学与使用材质（特别是铝合金）方面皆属非凡之作。它自然比前代的F355还要先进，4477毫米的长度比F355多出了22.7厘米，轴距则为2.60米（比之前多了15厘米），重量也轻许多（减少了60千克），这不仅仅是一次"改款"，而是确实让每一个零件都力臻完美。法拉利的经典散热器罩消失了，取而代之的是两个几乎挤到侧面的散热器冷却进气口，散热器位置移回了车头，目的在于改善重量分配。还有一项美学构思，未来将陆续出现在法拉利后继车型上：透过大面积的后车窗，可以看到里面的V8发动机，这款发动机排气量升级了（从3495毫升增至3586毫升，输出功率亦然（400马力，比之前多出20马力）。另一个新鲜之处是铝合金的使用范围更广泛了，不仅用于车体，也用于机械零件：发动机、底盘和悬架系统都以这种金属制造，减轻了60千克的重量，并提升车体刚性，进而提升了操控的精准度与车子的稳定性。外形上的每一项安排也都经过仔细研究，以符合空气动力学的需求。前端原本装设散热器罩的位置，现在安装了一个变向装置，可以将气流引至车底，以促成需要的地面效应，如此便能增进高速行驶下的抓地力。车身两侧的大型进气口和格栅都消失了，取代它们的是两个位置接近底部的

较小型进气口，另外还有两个位于后翼子板，接近边框的底端。这样的设计目的是在不破坏侧面轮廓的前提下，帮助发动机通风，并且增加移至后方迷你"扰流板"的气流，配合扩散器加强车底空气流动的效率。2000年时，"全敞篷"的Spider版本也诞生了（车头亦无散热器罩）。由于

技术规格
360 Modena（1999年至2004年）

发动机：90°夹角的V8
排量：3586毫升
缸径及行程：85毫米×79毫米
博世电子喷射供油系统
输出功率：400马力（8500转/分）
序列式6档手动变速器

轴距：2600毫米
整备质量：1290千克
车长：4477毫米
车宽：1923毫米
车高：1214毫米
最高车速：297.8千米/时

P200-201 及 P202-203　360 Spider 于 2000 年问世，搭载的机械零件与 Berlinetta 相同但重量较 Berlinetta 重，因为结构做了必要的加强。这辆车在各个方面都有所精进，因为它有曲轴、喷射供油系统和散热器专用的进气口，在空气动力学上倾注了更多心思。它的 3.6 升 V8 发动机最多能输出 400 马力，搭配 6 档纵置电子控制变速器。此车还有一个自动开合的顶篷。

结构上做了必要的强化，因此它比硬顶版本重了 60 千克。

在这种类型的法拉利跑车中，备受期盼的就是与赛车座椅相似的驾驶座椅，但同时也不能舍弃乘坐的舒适度。360 加大的空间(轴距加长）和更为精确独到的内部设计实现了这一点：驾驶人最能从中得益，几乎一切尽在手中，不需要浪费时间在遍布仪表板或狭窄中控台的控制开关中查找。此外，尽管仪表满布在仪表板上，但仪表几乎全为指针式显示，只有少部分为数位式，这样的仪表板安排让人能轻易辨识。座椅的做工非常精致，有优美的轮廓，一如往常地覆上高级的康诺利真皮椅套，带给驾驶人最好的支持，让他们得以悠闲、放松地开车，而这同时也要归功于以方向管柱上由换档拨片控制（相当快速）的 6 档变速器——像这样的乐趣令人难以放手。坐在驾驶座上所能享受到的，还有冷却速度快、运作效率高的空调系统，以及更好的后方视野。这个车款另外有一个特点，即大容量的前车厢，容积有 180 升，而座椅后方空间的容积也有 70 升。

工艺与极致驾驭的体验

如前所述,360 Modena最大的特色无疑是广泛使用铝合金,除了车身以外,还有整个底盘,包括中间的车顶板件和分别位于发动机与悬架系统(同为铝合金制,有两种设定可供一般行驶及高速行驶时选择使用)前、后的两片管状辅助板。空气动力学对能高速行驶的跑车至关重要,此车轮廓极为理想(风阻系数0.33),成了良好抓地力的根本原因,因为抓地力是通过车体良好的负载能力和地面效应来

维持的。360在极速行驶下也能均匀分散180千克的动力负载。几乎没有改变的发动机将稍有提升的排气量（只增加91毫升）与新的空气动力学方法（包含各种可变的几何条件）完全发挥，产生更大的输出功率（400马力，而非原来的380马力），不过最重要的是，车子在所有环境下都能行驶得更稳定了。车子的安全措施很合乎当时的需求，除了有ABS，还有两组防滑制动系统，能在不同的驾驶模式间切换（一般行驶与高速行驶）。与355相较，360的路面操控性能也有所改善:虽然360的输出功率提高了，反应却不那么冲，也因此提升了长途出游时的舒适程度。这辆车相对2004年推出的后继车款F430而言，是一个很好的起点。

21 世纪初
超级跑车的时代

一个法拉利"红魔"的新时代开始了，舒马赫终于为跃马集团赢得了世界冠军，就连车厂的经济状况也好得不得了：这一年在大量增加的利润中结束，而公路跑车生产量也突破了四千辆，其中包括550 Barchetta等新推出的Spider车款，销售量大增，在历史悠久的车市中强势上扬。法拉利也打造出一辆F1赛车的公路版，以庆祝其在F1赛场上的胜利——那辆车就是惊为天人的Enzo，它搭载能输出660马力的12缸发动机和电子控制式变速器，是马拉内罗所打造最强而有力的GT跑车。小巧的竞速车款360 GT，以及575 M Maranello的出现提高了营业额和年产量（4236辆）。2004年，舒马赫和法拉利再度于F1赛场上取得胜利——这也是这位德国车手的第七座世界冠军。612 Scaglietti以456 M接班车型的身份发布，是第一辆配备电子控制变速杆的12缸跑车。经历过2004年的胜利后，舒马赫与法拉利都认识到，要再次达到那样成功的表现相当困难，因为在2005年时，车手及车队双方都感受到竞争对手带来的压力。美国市场不容忽视，因为这个市场在销售量中一向占了相当大一部分，于是在2005年，法拉利限量（559辆）打造了Superamerica 车型，车上设有独创的玻璃天窗。这辆车拥有排气量达5748毫升的V12发动机与540马力的输出功率，能达到320千米/时的极速。此外还有FXX——Enzo的赛车版（29辆），能输出800马力、车速达到345千米/时。2006年原本渴望成为另一个"舒马赫年"，但一些意外事件令他失去了个人第八个世界冠军头衔。不过，F430、612和599 GTB的生产情况却是极为出色，年度总产量为5671辆(121辆销往中国）。2007年是基米•莱科宁与他的F2007赛车扬威的一年，他获得了车手冠军——那是法拉利在这十年内最后一次拿到冠军，同时，法拉利的年产量超过6000辆。

法拉利 550 Barchetta Pininfarina

技术规格
550 Barchetta Pininfarina（2000年）
发动机：65°夹角的V12
排量：5474毫升
缸径及行程：88毫米X75毫米
每气缸4气门
博世电子喷射供油系统
输出功率：485马力（7000转/分）
位于后轴的6档手动变速器
车长：4550毫米
车宽：1935毫米
车高：1277毫米
车重：1690千克
最高车速：300千米/时

所有的汽车制造商都着手修改对其品牌发展很重要的车型，在提高自己的声望之余，当然也意在增加销售量。就法拉利而言，与过去的连接，在这时是再强烈不过了，因为1948年打造出来的Barchetta是第一辆因为优异的比赛成绩与双人座Spider版本而举世闻名的马拉内罗车型。1949年首度参赛时，它赢得了意大利一千英里耐力赛的胜利。热情、年轻的詹尼•阿涅里也为自己订制了一辆涂装十分特别的Barchetta（蓝绿色涂装，搭配奶油色系的皮革内饰）。2000年推出的Barchetta在当时被视为世界上速度最快的车，也是法拉利总裁卢卡•克劳德洛•迪•蒙特泽莫罗所渴望打造的车型，当年蒙特泽莫罗亲自发布了这辆车，强调它只会推出敞篷式的Spider。它依照法拉利的一条老规矩，事先便决定以限量方式生产（448辆），也使用了多种不同的材质：车门用的是钢，发动机盖与前翼子板使用铝合金，保险杠挡板则是玻璃纤维。宾尼法利纳被赋予重任，以新旧时尚概念精雕细琢——结果相当成功，车子很快就销售一空了。这一切始于1996年的车型Berlinetta 550，它的法拉利式造型线条启发并塑造了这个独特的Spider车款，设计团队预测它和20世纪50年代那些车款一样，会在历史上留名，领导设计这款Barchetta的宾尼法利纳技师拉马齐奥说：“我们将这辆Spider很大一部分重新做了设计，让它虽然没有车

顶，也不会看起来只是一辆简单的Spider 550而已。除了风窗玻璃以外，我们也重新调整过Berlinetta的车舱内部和整辆车的中、后段，不再使用那辆Spider轿跑车知名的金属硬顶技术。"

这辆Barchetta有一个紧急时备用的帆布顶篷，但是使用过后，必须折好并收在行李箱里的专用收纳袋中。继后置驱动系统和尺寸改小的风窗玻璃之后，就连车身也经过重新设计，有柔和但坚实稳固的线条、新的各舱容积与能带给车头更多推进力的精短车尾。车头和过去的典型机械配置雷同，它的外形强调了其中搭载着一款强劲的5.5升12缸发动机，可输出485马力，行李箱容积与550 Maranello差不多，车重亦是与其相同的1690千克——尽管Barchetta为维持与Berlinetta一样的动力效能而做了强化。2001年，原型车全数交到订购的顾客手中，这款带有明显竞速特质的定制车，也需要特别的内部设计，其中驱动系统移至后轮轴，增添了车子的独特质感，另有许多碳纤维按键和少数为仿效过去驾驶体验而设置的基本功能开关。然而，这辆车具有2000年推出的跑车所需要拥有的一切，包括可调整高度与倾斜度的方向盘、双安全气囊，或者边框为高强度钢管的小型风窗玻璃，和Berlinetta相较之下，这片风窗玻璃更为倾斜。在以一种特殊纤维装饰的车舱内，保留了Berlinetta的仪表板——包括其仪表配置与排气口。行李箱的容积和Berlinetta一样（185升），不附备胎（以Barchetta著名的防爆灭火器取代）。不过，车上也有一些为了提升尽情驾驶的乐趣而设计的小细节，例如防倾杆。打孔脚踏板、老式的油箱盖和可调整的悬架系统，再次加深了驾驶赛车的感觉。同样在2000年，宾尼法利纳还发布了另一款车型，即单单只为大型国际车展推出的Rossa。

P206-207及P208-209 法拉利的旧车款是卓越非凡且令人兴奋的"收藏品"，而这款Barchetta Pininfarina是为喜爱在开放空间体验驾驶乐趣的人，重现旧车型所做的一次极佳尝试，以它独特的F1技术让众人大吃一惊。

法拉利 Enzo

历史性的一年

2004年是跃马集团的历史上极为不凡的一年,迈克尔•舒马赫和他驾驶的F2004赛车所展现出来的气势强不可挡:这位德国籍车手赢得了十一个世界大奖赛的分站冠军,其余的则由他的队友巴里切罗包办。量产车方面(1924名员工制造4015辆车)也得到热烈好评,例如Enzo得到的评价(这个车款的名字是为了纪念法拉利创始人恩佐•法拉利而取的):它是F50的后继车款,也是一辆极致的GT跑车,设计和打造它时所投注的心力,就和制造一辆F1赛车一样,但它还得能安全上路才行。以下可不是随口说说:Enzo诞生的目的就是要带来车速350千米/时的驾驶快感(当然是在赛道上)。单人座版本都经过测试和编号(仪表板上有专属号码牌),生产了399辆,当时一辆的售价是665000欧元。这辆极限GT跑车的每一处细节都极具特色,但每一位驾驶人都可依照自己的需求来改装,因为此车有两种配置设定(高速模式与赛车模式),能与减振器及循迹控制系统(ASR)的对应设定配合,以达到性能要求。这辆车的整个企划于1998年结束,而车子是长期在计算机上进行空气动力学、结构研究的成果,并且在赛道上做过能够确保性能与安全性的实际测试。它的尺寸并非刻意安排:长4.7米,宽度超过2米,高1.1米,对于这种车型而言很正常。"它综合了20世纪90年代的动力学研究成果。"任职宾尼法利纳期间担任Enzo设计总监的技师拉马齐奥堤表示:"身为20世纪90年代F1赛车后裔的Enzo,有些地方现在看来也许需要加以修改,但它至今仍显得创新且实用,这要归功于Enzo在设计时是以空气动力学为指导原则,意在达到更大的垂直风阻承载量,进而在不折中

P210-211 及 P212-213　这辆珍贵的跑车诞生于 2000 年,是一款梦幻逸品,它限量生产 399 辆,销售给世界各地的买主。空气动力学在 Enzo 的企划中仍是主要的考量,它让车子即使以 300 千米 / 时的高速行驶,也能稳稳地留在地面上。

使用大型尾翼的情况下产生更大的抓地力,因为尾翼会影响车子的外观。"空气动力学就是让F50所有零件与性能皆得到改善的导向力,Enzo继承了它的轮廓,不再使用现已遭到滥用的车身翼片,就能靠着车头及遍布底盘的进气口善用气流。空气进入车身内部,然后经由前方发动机盖、车身两侧、车底和车尾的众多通风口离开,如此一来就能处理内部的高温,即使车速高达300千米/时亦能产生理想的抓地力。通风是这辆极品法拉利跑车的一项优势,因为它平整的车底有两个因素作用(高下压力与高速),并和可以改变与路面之间距离的坚固悬架系统整合在一起。这些功能在2000年时显得太过先进,其实它们至今仍继续用在其他的法拉利车型上。

技术规格
Enzo(2002年)
发动机:65°夹角的V12
排量:5598毫升
缸径及行程:95毫米×75.2毫米
双顶置凸轮轴
输出功率:485马力(7000转/分)
电子控制6档变速器
4个碳陶瓷通风盘式制动器
轴距:2650毫米
车长:4702毫米
车宽:2035毫米
车高:1147毫米
整备质量:1255千克
最高车速:350千米/时
油耗:23升/100千米

92千克重的碳纤维制车底确保了极高的安全性：这点已在F1比赛事故中证实了，毕竟这些可怕的意外事故总会造成严重损伤。驾驶座是设计与功能性的工艺结合，善用了各种电子控制装置带来的便利。仪表配置结合了最重要的指针式与数位式仪表，以及转速表和里程表，左方有一片触碰式数位荧幕，显示机件的温度和油量，其他功能的控制开关如车灯、起动和空调等，则设于狭窄的中控台上，有如驾驶F1赛车的错觉非常彻底。空调系统效能很高，坐在以碳纤维打造的座椅上也能稳定驾驶。方向盘中央的安全气囊两旁，有两排可调整设定和开启防滑制动系统的按钮。驾驶座不兑别的，光是方向盘上的两片6档换档拨杆就值得花费665000欧元的天价了。座椅的基座材质为碳纤维，是为了承受高速过弯的力量而设计的，驾驶座椅绝对不负这类型超级跑车的要求。驾驶体验本身则因为电子设备而有了长足的进步，经验较浅的驾驶人因而受益，也能驾驶这辆能输出660马力、重1255千克的"巨兽"（但无法发挥到极限）。它能达到不可思议的极速（车速超过300千米/时），加速也快如闪电（正式纪录为从车速0加速至100千米/时仅需3.7秒，车速0加速至280千米/时也只要23.3秒）。虽然这辆车配备了2000年时的所有安全设施——碳陶瓷制的大型盘式制动器、ABS与防滑制动系统，还有早年难以想象的制动距离和抗疲劳机制，不过仍得时时注意。

P214-215　Enzo 的车头前端造型几乎令人生畏，却身负着不藉由任何空气动力学辅助配件，就能将气流引导至车底、散热器、曲轴与制动器的重大责任。

P216-217　车尾部分呈现了许多空气动力学进化的实例，例如排出曲轴热气的排气口和为地面效应而设的导流斜面、整合式活动尾翼，以及车体轮廓。

P217　Enzo 搭载了具有历史意义、但经过改良的 65°夹角的 V12 发动机。这台排气量 6 升的发动机的型号是 F140（重 225 千克），每个气缸有 4 个气门，搭载博世燃油喷射系统和干式油底壳润滑系统，图中亦可看到可做三段调整的横向减振器。

P218-219 以三明治般组合的底盘具有宽大且容易出入的车门；后方的尾翼在车速 0 至 250 千米／时皆可活动（范围 75 毫米）。

P220-221 车身线条展现了为了达到外形与抓地力的最佳整合所做的精密研究：带有导风板的突出车头，以及造型能产生下压力的车尾。

法拉利 F430

2004年对旗下拥有F2004赛车的法拉利与迈克尔·舒马赫而言，都是十分重要的一年，舒马赫几乎囊括这个赛季的所有大奖赛分站冠军，也拿下了车手和车队的总冠军。公路跑车量产情况同样很理想，两个基本车型共生产了4833辆，它们分别是为纪念打造过许多出色法拉利跑车的斯卡列蒂而诞生的612 Scaglietti，以及取代360 Modena的"小车"——F430。公路跑车部门则由新设计人员来为法拉利的造型操刀——同样是宾尼法利纳团队，但这次多了法拉利设计中心总监法兰克·史帝文生的支援。F430沿用F360的基本概念，但依据法拉利总裁蒙特泽莫罗的意愿做了修改，创造出一款和先前车型完全不同，且合乎空气动力学新趋势的公路跑车。它的车身受到F1冠军赛车和新款赛车启发，通过风洞测试，让车子造型与技术两方面的需求更加协调。这么做仍然是为了善加利用车体上方与下方遭遇的气流，将它们从较大的进气口引入，再经由底盘上众多的排气口流出。此举决定了车子的新配置，不过与前代相较，尺寸几乎没有改变：轴距维持在2.6米，长度多出3.5厘米，宽度和高度不变，重量则多了60千克。车头有两个大进气口，当中的小阻力板能帮助引导气流。车身两侧也使用了相同的手法，为发动机与制动器设置了进气口，但没有破坏到侧面的柔和线条。

P220-221 F430 衍自 1999 年的 360 Modena 的特色包括引入空气动力学、使用电子设备到最大限度，以及刺激得令人汗毛直竖的优异性能（最高车速超越 315 千米/时，由 0 加速至 100 千米/时仅需 4 秒）。它持续生产至 2009 年 458 Italia 出现。

P222-223 F430 的车尾展现了法拉利自家最新车型的空气动力学秘诀，包括设有四个垂直窗口、负责排出车底气流的尾端大斜面。

技术规格
F430（2004年至2007年）
发动机：90°夹角的中置V8
排量：4308毫升
缸径及行程：92毫米X81毫米
博世电子喷射供油系统
输出功率：490马力（8500转/分）
序列式6档变速器
轴距：2600毫米
整备质量：1350千克
车长：4512毫米
车宽：1923毫米
车高：1214毫米
最高车速：297.8千米/时
油耗：18.3升/100千米

F430车尾部分的设计精准地以加入排气口（后车窗的两侧也有）和内部的空气流动来加强空气动力，令其空气动力学效率比360高了40%，产生的下压力也增加多达130千克力，简而言之，这个车型的重大特征也是来自深入的空气动力学研究。车后的大斜面有助于高速行驶时的抓地力，并且产生最多相当于280千克的垂直承载量。车舱内部设计在仪表板和驾驶座配置方面，都与360 Modena相去不远。F430沿用360的概念，同时采用指针式与数位式仪表，此外亦应驾驶要求而设置崭新的"节气门操纵杆"，创造了新的车辆运行特征。车主可以选择在方向盘上装设一系列的赛车换档拨片，以将注意力集中于方向盘，或者使用设置于中控台的传统单一变速杆。F430所搭载的V8发动机与前代的360 Modena相较，结构并不相同：发动机排气量增加了 20%，最大输出功率多出23%，达到490马力，最大

转矩则提升了25%。其他结构上的细微误差就精致的纯手工制法拉利跑车而言是可以理解的。除此之外，这款发动机的尺寸也变得更加小巧，使用了新的气缸盖，而且每个气缸有4个气门（而不是360的5气门）。四支凸轮轴以链（而非同步带）配合单相变速电动机驱动，再加上其他精心研制的部件，以达到更好的校正效果。6档变速系统（纵置式）依然有两种版本供选择：方向盘上附有换档拨片的电子式手动变速器，以及传统机械式手动变速器。F430的机件结构中还有更多精妙之处，能够提高道路上的运转性能：铝合金技术进步，使得底盘重量减轻10%，且更能抗弯曲和抗扭转，进一步让驾驶体验变得更精准，舒适度亦有所提升，驾驶人还能随心所欲，自行调整悬架系统。车子配备了精密无比的电子系统，控制着输出功率、转矩、防抱死制动、稳定性，以及循迹控制系统、制动校正装置，还有法拉利独家的自锁差速器（E-Diff电子差速器）。这类精密、愈来愈快速，且更加舒适的公路跑车，带来更多因为采用新技术而产生的美好驾驶体验。F430在2007年由430 Scuderia取代，而这个新车型亦会继承F430的特点，并将最大输出功率提高到510马力。

P224-225 及 P226-227　这个 Spider 版本是 2005 年时，为提供开放式驾驶体验而打造的，最高车速可达 318 千米/时，碳纤维陶瓷制动盘令驾驶极为安全，车顶可迅速闭合（大约 20 秒即可完成），车上亦设有坚固安全的防滚架。在 Spider 车型上也可以看见发动机的全貌。

法拉利 612 Scaglietti

轻松惬意，车速达到 300 千米/时也无妨

就连法拉利都改变了自家跑车的特色：车速300千米/时已经远远不够（612甚至测出车速320千米/时的极速），现在所有公路跑车车型提供的精细改进和便利设施，对快速、不费力与安全的驾驶体验而言，也是不可或缺的。车型型号中的"6"代表发动机的5738毫升排气量，而"12"是气缸的数量。Scaglietti这个名字则意在向传奇车身设计师斯卡列蒂致敬。这辆车依然由一台12缸发动机驱动，发动机条件非常理想，能输出达540马力的功率，比1998年推出、此时即将停产的优秀车型456 M还高出了98马力，因为这款发动机和整个底盘都经过大幅更动，但保留了法拉利最基本的造型线条。这辆车是以能让四个人舒适乘坐为目标而设计的，不过它毕竟是一辆法拉利，所以不可能舍弃法拉利的赛车基因，它是当时速度最快的四人座跑车——尽管它的轴距比前代车型多了5厘米，而这对加大车内空间、让乘客备感舒适来说是必要的。这辆车具有轿跑车的特色，车舱空间后移，并使用能把铝合金发挥到极致的工艺技术。它原本应该是一辆更具流线型的车，然而安全与舒适方面的需求也在逐年增加，因此612的重量（整备重量）达到1840千克，比法拉利456还要重。撇开尺寸不谈，车身造型仍然具有法拉利的特征：长翼子板、坚实的侧面、些许棱角、精短的车尾，以及最重要的大片扇形饰边（令人回想起20世纪50年代）让这辆长4.9米、宽近2米的庞然大物在视觉上变得轻盈了。

一上车就能立刻感受到612 Scaglietti极佳的舒适感，这得归功于两扇宽阔车门与车体之间的连接系统和座椅的适当安排；这些座椅可以电动调节；车舱的纵深与456几乎无异，但内部的装饰和修改过的座椅保证能让乘客感受到超乎寻常的舒适；奢侈的康诺利真皮内饰以及在接触点做了充分焊接处理的精细装配是612的优势之一；驾驶人享受到的便利是最多的，除了方向盘上的换挡拨片以外，还有会自动开启的车灯、风窗玻璃刮水器的"水柱"，以及停车指示的感应器。行李箱容积也增加了20%，达到240升。不过，为了这个庞大又豪华的2+2车型，Scaglietti的手册花了很大的篇幅列出612的定制配置，指出定制车有其必要，或更舒适，或

P228-229 及 P230-231　为了快速、轻松和舒适的驾驶体验，612 Scaglietti 规划了更多车内空间（增加了35厘米）。它光滑讨喜的铝合金车身并没有装设空气动力学的导风板，但侧面多了两片扇形饰边。

者更像赛车，定制版配备了碳纤维或20英寸的轮毂，甚至还有双色烤漆。

机件配置和前代的456相同，但两个车款推出相隔12年，联合传动器有许多技术提升。为了将多数的机件集中在一起，V12发动机的位置稍稍向后方做了移动，不过并没有因此牺牲前方或后方的宽敞程度。车子的变速系统位于后轴，通过方向盘上的控制拨片来操纵，为这辆法拉利跑车因加大轴距和采用新的铝合金车身而促成的灵敏操控特点增添了好评。空气动力学是它的优势，因为所有主要的改变都加强了轮廓（降低风阻）和下压力。为"地面效应"设计的平整车底能产生总共115千克的垂直承载量（在车速300千米/时），可以保持更强的抓地力。平整的车底构成一个"风箱"，不但能处理机件产生的热能，也能在加速时让后轮更抓紧地面。重量分配亦相当重要，这辆车46%的重量落在前轮，其余的54%则在后轮，这样的分配能增强路面操控性能，鲜有突发状况，此外在过弯时也会产生令人感到舒适的轻微过度转向反应。车上必然有电子设备负责监控这么庞大且强劲的超级跑车，它们控制悬架系统、方向偏离反应、制动，并避免抓地力急剧消失，这同时也要借助循迹控制系统（CST）。由此可知，612 Scaglietti是一辆声名显赫的跑车，它同时追求极致的舒适感，以及最高的性能（车速能超越320千米/时），从车速0加速至100千米/时，仅需4.3秒，与竞争对手相比，它毫不畏惧。

技术规格
612 Scaglietti（2004年）

发动机：65°夹角的V12
排量：5738毫升
缸径及行程：89毫米X77毫米
博世电子喷射供油系统
输出功率：540马力（7250转/分）
双顶置凸轮轴，每缸4气门
6档手动变速器
电子控制后轴
车重：1840千克
车长：4902毫米
车宽：1957毫米
车高：1344毫米
最高车速：315千米/时

法拉利 458 Italia

你我共同的梦想

"最终的梦想"——这样充满诗意的语句,是法拉利发布一款入门级跑车时所用的说法。458这个型号指出了这个中置发动机双人座Berlinetta车型的排气量(4499毫升)和气缸数量(8个)。这辆车还有破纪录的输出功率,这应该是结合了所有从比赛,尤其是从F1赛车中学到的成果(空气动力学、发动机、底盘、悬架系统)。设计方面仍然兼具了空气动力学性能,以及轮廓(风阻系数)与下压力(流量系数)的完美结合。从底盘的形状一眼就能看出车身线条是由空气动力学决定的:车身上为数众多的进气口和排气口,还有其他许多构思、研究成果与从这辆破纪录的Berlinetta上学得的经验。车子长4.5米、宽1.9米、高1.2米,与前代车型F430一模一样。它的设计和先前的车型有极大的差异,最明显的地方是车头前方许多人都不喜欢的两个大"开口",换成了一个中央进气口,可以捕捉气流,将其分散至机件、平整的车体底部,进而达到出色的成果,风阻系数为0.33(比F430还要好),还有更大的流量系数,亦即更好的抓地力,这的确是一项令人瞩目的成果。

宾尼法利纳与法拉利设计中心继续在风洞的协助下携手合作,设计中最引人注目的是显眼的车头,能捕捉迎面而来的气流。狭窄的两侧为车头设计与使用足足有20英寸的轮胎而带着"阳刚"味的轮拱增添了流线感。整个底盘到处都是能够帮助将气流引导至车尾的斜面——车尾是车身的另一个重要部位,其中自然包含了平整车底上设置的机件。它的设计实在独特,整体来说也非常讨喜。若说有些设计安排可能引发疑虑,那就是此车令人喜爱且完全独特的特质,不一定合乎每个人的喜好。从多年比赛经验中得到的优势,在完美且几乎带有挑衅感的零件布局中表现得非常明显,例如能将气流向两边引导的前扰流板,以及许多能创造强大抓地力的进气口(大小都有),它们确保此车即使没有选择使用又大又张扬的尾翼,也能达到优异的性能。458的车身光滑流畅,表面经过仔细的精心焊接。

此时法拉利生产这款8缸发动机已经超过35年，但它的性能却是在458上达到巅峰（每升排气量可输出127马力），考虑到维持变速系统稳定和运作必需的发动机转矩，这比F430还高出了20%。追根究底：这台V8发动机的所有零件都经过特殊处理，以减少摩擦（发动机转速为每分钟9000转）并降低油耗，此外还可提升性能。确实，自从开始生产V8发动机（Dino 308 GT/4）以来，马拉内罗也发展出了另一种备受热情、忠实的法拉利车迷喜爱的发动机运转声。同样地，纵置变速器也有大幅改良，序列式7档双离合器机构缩短了换档所需的时间，亦能改善低速行驶的表现。这套变速系统甚至还配备了一个能满足高性能需求的E-Diff3电子差速器。这些改进有助于提升车子的安全性与高速行驶时的舒适感，而在数年前还没有人想得出来。一系列由驾驶人自行设定的操作模式与电子装置，让操控变得更容易：特殊的F1-Trac循迹控制系统能准确评估抓地力强度，即使在车子全力运行时也能增进操控性。还有一系列的电子程序能避免驾驶不当导致的错误，但这需要拥有能实时反应的技术和知识——必须仔细阅读用户手册——以及扎实的训练。悬架系统也跟上这股改变的趋势：前轮部分采用双叉臂搭配L形下摇臂，而后轮则是多连杆配置。这套悬架系统也是电子控制的（电磁控制悬架系统，SCM），和伺服方向管柱一样，具有一个受控制的阻尼器。20英寸的大轮胎也是根据这样的超高性能而配置的。

P232-233 458 Italia 以空气动力学、技术与材质的改良重现了法拉利入门级跑车的传统，其重量有 58% 落在后轮上。

P234-235 为刺激却又安全的驾驶体验所设计的 458 Italia，在车头前端设有能引入气流的宽阔进气口。

技术规格
458 Italia（2009年）

发动机：90°夹角的中置V8

排量：4499毫升

缸径及行程：94毫米X81 毫米

博世电子喷射供油系统

输出功率：570马力（9000转/分）

双离合7档变速器

轴距：2600毫米

车长：4527毫米

车宽：1937毫米

车高：1213毫米

整备质量：1380千克

最高车速：325千米/时

油耗：13.3升/100千米

P236-237 车尾设计经过了长时间的研究，以美化轮廓，同时因为在车速200千米/时下能产生280千克的动力负载，而能改善下压力与轮胎抓地力。

法拉利 California

California 探秘

在法拉利的历史中,这个车型的名字自20世纪50年代起就反复出现。这样的命名并非巧合,因为时至今日,这款经典的Spider跑车仍然推陈出新,向那辆无论老少都梦寐以求的、于1957年问世的极品赛车暨道路跑车致敬。不过,现在的California和第一代的原型不同,它不仅拥有宾尼法利纳设计、极具魅力的车体,在看不见的地方也具备半个世纪前无从想象的科技运用。当年有许多功能仅能依赖那款令运动员和王公贵族着迷的12缸发动机机件所具备的优越特性,然而现在California的心脏不再是传奇的12缸发动机,而是在法拉利精英车型中占有重要地位的新型8缸发动机。它是马拉内罗首次生产的前置V8发动机,而这辆车也是法拉利首款配备电动金属顶篷的Spider跑车。一贯由宾尼法利纳工作室设计的车体长约4.5米,呈现出一种融合新旧风格的特殊造型,车头的线条重现了老式法拉利跑车的模样,也展现了这辆Spider敞篷跑车的鲜明特色。车重1630千克,其中47%的重量配置在前方,53%在后方。车头和车身两侧的进气口与窗口减轻了车子的重量,也令车子更加亮眼与讨喜。其余的零件则是集近年来的经验于大成,在各方面向驾驶人提供协助指导。从现代化的电子设备和7档自动变速器,到移动控制装置与在特定行驶情况下熄火再重新起动时非常实用的发动机起停装置皆然。以巧妙方式配备于自动变速系统中的F1专用双离合器传动机构不仅让齿轮完美契合,也降低了油耗,进而使得操控更轻松,在弯道上

P238-239 及 P240-241 California 是一款具有双重性格的新款敞篷超级跑车,配备了新的底盘、悬架系统和碳纤维陶瓷制动盘。在行李箱的340升容积中,可折叠及收纳的硬顶只占用了100升。

的加速表现也更优异。再者，双离合器另一个独一无二的特殊之处在于它能缩短换档的"衔接时间"。除了这些系统以外，新的California还有此时已经极为著名的独家"小扳手"模式切换开关，驾驶人可在不同的操作模式间选择："舒适模式"适用于各种路况，潮湿路面亦可，因为它对变速器、悬架系统和减振器皆有影响；"赛车模式"适用在追求最高性能与稳定性的同时保有最佳抓地力；C/ST按钮则会停止ABS以外的所有电子装置功能。California的安全装置中包含了碳纤维陶瓷（CCM)制动，能减少制动失灵现象、缩短制动时间，这对动力十足又快速的车子而言，是相当重要的优势。法拉利已经不是第一次连车身都要使用铝合金以获得足够高的刚性了，在此车型的车体与机件上就看得出来，法拉利对这个材质的最新使用经验。

技术规格
California（2009年）

发动机：90°夹角的中置V8
排量：4297毫升
缸径及行程：94毫米X77.4 毫米
每气缸4气门
缸内直喷供油系统
输出功率：460马力（7750转/分）
F1双离合7档变速器
车长：4562毫米
车宽：1909毫米
车高：1277毫米
车重：1735千克
最高车速：310千米/时

California不仅是一款高科技、拥有先进配置的Spider跑车，它在内饰上的水平也相当卓越，处处都饰以康诺利皮革，创造了一个非常令人愉快的优质环境，指针式仪表板与数位显示零件自然并存其中，甚至是与近年法拉利跑车相同的众多功能控制开关，最初都可能让每个人瞠目结舌，因为各种按钮、拨杆、按键和电子调节装置的数量与位置太庞杂，必须仔细阅读过操作指南，才有办法精确操控各种能让法拉利驾驶人摇身一变成为电子工程师的必要功能。车舱内部也呼应了科技方面的精进，除了举目所及之处皆以康诺利皮革装饰之外，空间也做了很明智的运用：后方的平台可当作小型的双人座位，也能放置行李；座椅的椅背放下时，能运用的容积也会变大，若敞开顶篷，可用容积最多达340升或240升。只要驾驶人需要，便能藉由优良的空调系统，从车辆远端监测系统获得操控、车速、油耗，可能还有车子运行问题的信息，而且这是史上头一次以"触屏"操作；这个系统整合了卫星导航及车子的后方监视摄像装置，让操控这辆出类拔萃的Spider跑车更具挑战性。而它最高车速达310千米/时、从0加速至100千米/时仅需不到4秒的特色也没有被忽略。

P242 上图及 P242-243 上图 4.3 升 V8 发动机，采用缸内直喷技术，可输出 460 马力。优雅、流线的 California 突显了其美丽的 Spider 轿跑车轮廓。它的车顶可以在很短的时间内敞开并收进行李箱。

P244-245 California 设计时，在空气动力学方面下了很多功夫，在尾翼的协助下，风阻系数只有 0.33。

法拉利 599 GTO

称霸所有赛场

GTO这个名字在法拉利的历史中存在已经超过50年,是法拉利竞争精神的一个标记,而这股竞争精神自法拉利诞生至今从未松懈过。

最新这款GTO的制作以2006年的599 GTB为基础,排气量维持不变,但发动机经过改良与升级(功率可达670马力),每一个细节也都有所改善,除了移植最新的赛车工艺以外,还有来自法拉利公司的技术传承。不过,以现今技师与工程师掌握的科技来说,把公路跑车转变成强而有力的赛车并非难事,更别说是像这辆法拉利一样拥有如此优良的基础。要将一辆公路跑车做到尽善尽美,需要有丰富的知识、知道该从何处着手,即使此车的超级性能若不在赛道上便难以发挥,也能达到最佳表现,同时增加驾驶的乐趣。这款属于我们这个时期的GTO很容易识别,原因在于发动机盖上的排气口和进气口,以及其他在F1赛场上能充分提升性能的精妙细节:将车子的重量减轻100千克——这对一辆标榜赛车性能的Berlinetta跑车而言意义重大,举例来说,车头挡板加宽,对车子会更加合适;车门下方的门槛亦做了新设计,以减少车轮扰流造成的能量损失;此外,为了确保车头能有强劲的抓地力,还设置了一个阻力板,用来加强下压力——这些改变只是外观上的,并未影响到车子在路上的运转。总结而论,599 GTO意欲在没有丝毫疑虑阴影笼罩下,展现其机械零件极具竞争力的目标:首先是发动机,它在每分钟7000转时能输出620马力的功率,当转速达到8250转/分时,功率则提升到670马力,而当转速到了8400转/分,限制器就会起动。同时,这辆车也移植了比赛中使用的技术(驱动轴相关),这些技术来自针对进气管与零件铸造的研究,对降低因改善道路操控性能而产生的油耗和

技术规格
599 GTO(2010年)
发动机:65°夹角的V12
排量:5999毫升
缸径及行程:92毫米X75.2毫米
每缸4气门
博世电子喷射供油系统
输出功率:670马力(8250转/分)
F1双离合6档手动变速器
车长:4710毫米
车宽:1962毫米
车高:1326毫米
整备质量:1495千克
最高车速:335千米/时

废气排放，亦有不少助益。至于发动机转矩则有长足的进步，从608牛·米增加到了620牛·米。传动系统保留了基础的联合传动原理：V8发动机在前，F1手动变速器在后，还有F1的6档变速系统，这样能缩短使用离合器、让发动机和齿轮分离与再接合所需要的时间(减少60毫秒)，即使以现在法拉利跑车频繁使用的换档拨片降档时，也能令换档反应更灵敏、更实时（快了约20%）。制动系统在制动距离和抗衰退方面均追求最高效能，其中的功臣是比之前轻得多、强大得多，且较不易为激烈使用所伤的第二代碳纤维陶瓷（CCM2）制动盘。汽车操控系统的更新则包括在悬架系统上使用第二代电磁控制（SCM2）和电子车身稳定系统，即电子稳定控制程序，还有F1-Trac(循迹控制系统）。

车舱内部大体上和F599相同，不过车子形象有了彻底改变，多了一份明确的跑车感：以黑色系为主的内装、用类似灯芯绒的高科技材质包覆的座椅，以及各种仪表和附有空调操作装置的中控台，一切都从赛车的角度进行了重新设计，不管是座椅的椅垫或横向饰板都一样。造型优美的包裹型座椅就算在较为费力的驾驶条件下，也不会造成问题。它们精致地融合了奢华感和跑车感——撇开其他因素，那些精细的工艺和铝合金打造、毫无遮蔽的车舱地板完全不负使命，光是它们就能让这辆车的昂贵售价显得很合理：这是一辆极限超跑，但行李箱容积却达到了一般Berlinetta车型和599 GTB所拥有的320升。

我们要探讨的不仅仅是外观或普通的跑车性能：这辆GTO具有向理论中与赛道上的先驱车型致敬的意义。它的功率比最初的Berlinetta GTB多了 50马力，最高车速也达到335千米/时；只需要短短3.35秒，就能从车速0加速至100千米/时，而加速到200千米/时也仅需9.8秒。它有一个比起法拉利忠实车迷，可能更让技师觉得有意思的特点：在联合国欧洲经济委员会（ECE)行车阶段标准下的油耗为每100千米17.5公升。

P246-247 这款 GTO 跑车的车头直接展现了来自赛车工艺的那股狂傲不羁。设有反向掀起的发动机盖、加宽的保险杆与流线型轮毂。

P248-249 599 GTO 造型狂野的车头追求极度轻量化，以取得更精准的操控性能。铝合金部分的厚度减少了20%，车窗玻璃也变轻了，再加上碳纤维陶瓷制动盘和碳纤维结构的座椅。

法拉利 Four

P250-251　新风格诞生了（宾尼法利纳、法拉利联合设计）。法拉利 Four 的车身外形有不断移动的感觉，连续的棱边、凹面和凸面结合起来，创造出一种优异的效果。车子长度为 4.9 米，搭载一台 6.3 升、6E0 马力的 V12 发动机，还有铸造成流线造型的 20 英寸轮毂，配合发动机达到更高的效率。

P252-253 FF 的车头有近 2 米的宽度,车头上耀眼的 LED 前照灯和无数的机械部件与制动专用进气口,宛如这个车型的主角。

P253 行李箱的容积最多可达 800 升。图中亦可看见能达到最佳空气动力学效应的众多排气口和横向扰流板。此车 1790 千克的重量,多数落在后轮(53%),以达到更理想的四轮驱动系统的操控性能。

完美的挑战

马拉内罗为今日与未来的高级公路跑车设下了新的挑战——这款跑车拥有极度创新的特色,首先仍从造型讲起,由宾尼法利纳工作室与法拉利设计中心的弗拉维欧·曼佐尼(Flavio Manzoni)合作设计,采用"猎装车"(shootingbrake)的车型配置——在历史上,这个名称首先被英国人用来称呼"狩猎用四轮马车"。

后来演变成竞速用的高速旅行车,令人联想到的一些经典范例,像是1966年至1971年间生产的杰森(Jensen)FF、1975年的蓝旗亚Beta HPE,或是2005年推出的宝马Z4轿跑车。它吸引众人目光之处在于外观线条,实际上是旅行车和轿跑车的综合体,再不可免俗地加上法拉利的专属标志。根据法拉利官方资料,这个称为FF(更确切地说,应该是Ferrari Four)的车型,性能异常优秀(车速能超越335千米/时),而且从车速0加速到100千米/时仅费时3.7秒,还有前所未见的重量功率比——每马力2.7千克,但同时也提供了最高等级的舒适感。这款原型车于2011年日内瓦车展发布和展示,发售之初的售价是和最后定价不同的270000欧元。

从法拉利现已趋向一致的轮廓(车头尤其明显)看起来,FF车头上方是一大片反向掀起的发动机盖,末端下方则是一片宽阔的散热器罩,上面有不计其数的进气口,两旁有为制动系统、平顶曲轴和车底设计的通风孔,有助于在高速下产生更好的抓地力。FF的车身长度为4.9米,比599 GTO多出大约20厘米,是马拉内罗制造的第一款,也是唯一一款旅行车。强大的功率搭配四轮传动系统,让这辆车有了一股新的跑车感。新的65°V12发动机使用来自GTO发动机的缸内直喷供油装置,输出功率可达660马力,让FF尽管重量不轻(1790千克),也能以每小时335千米的极速奔驰,而能大量提升输出功率的新式空气动力学设计,亦是达成此举的功臣。除了 Berlinetta车型的强悍性能之外,这辆车也具有相当大的储物空间,还能订制个性化配件,行李箱十分宽敞(容积从150升一举增加至800升),并且配备丰富的配件组合与高效率的操纵装置——骄傲地展示出它所具有的F1-Trac循迹控制系统、E-Diff电子差速器、能将部分转矩传送至前轮的动力传输装置(PTU),还有防抱死制动系统、电子制动力分配系统(EBD),以及电子稳定控制程序。车子的"科学纪录"宣称它的重量分配在同型车辆中属于完美,稍微偏重于后方(53%)——最适合在弯道上快速超车。

马拉内罗出品

法拉利设计的这款独特"四轮驱动"跑车和保时捷Panamera有几分类似,最出众之处在于极轻的重量(比其他四轮驱动车轻了大约50%),并在行驶中以电子装置为每个车轮调节最合适的转矩。四轮独立悬架系统使用599 GTO已经率先采用的磁流变液阻尼器(即SCM2),加上来自四轮传动系统不可或缺的支援,让车子在任何路面——无论是抓地力很弱的道路或是赛道上都能顺利传输660马力的功率。车速最高可超越335千米/时,只要3.7秒即能从车速0加速至100千米/时。而拥有670马力的GTO是后轮驱动,重量也比FF轻了295千克,在相同的测试环境下,完成时间也只少了零点几秒。这辆极尽奢华的法拉利跑车要价比它的直接竞争对手——例如保时捷Panamera还要高得多,在它独有的特色上自然不能马虎,像是缸内直喷的V12发动机,在这辆车上展现的就是它最出色的配置——置于车头、与前轮轴同高的地方。后轮上有一个利用双离合器控制后轮动力的7档变速器,以及用电子装置控制前轮动力的四轮传动系统,让它不会在使用第1或第2档时就将发动机的巨

技术规格
FF(2011年)
发动机:65°夹角的V12
排量:6262毫升
缸径及行程:94毫米X75.2 毫米
每缸4气门
博世缸内直喷供油系统
输出功率:660马力(8000转/分)
四轮驱动,F1双离合7档手动变速器
碳纤维陶瓷盘式制动器
车长:4907毫米
车宽:1953毫米
车高:1379毫米
整备质量:1790千克
最高车速:335千米/时

大转矩（每分钟6000转时为683牛·米）用尽。此外，以轻量化的铝合金打造的车身（现在已成为法拉利的惯例）因为新的机件而做了调整，以确保行驶时必要的刚性，并且为四轮传动系统的零件预留空间。其他革新之处还出现在电子装置上，以及高性能低排放（HELE）系统。在需要将发动机熄火再重新起动时，它会使用怠速熄火技术让发动机暂停。

车舱内部展现了极高的水平，内有四张座椅和新设计的仪表板，内壁贴上奢侈的福劳(Frau)皮革，后座还设置了娱乐系统，有两面可用来观赏DVD和电视节目的液晶荧幕，以及高保真扬声器。

FF进入了四轮驱动的美妙世界，凭借的是其他现有四轮驱动车型无法与之比拟的创新特点。最多也只能说它和保时捷Panamera有相似之处，但FF对它独有的特色、前置发动机和后置变速器可是引以为豪。只有在抓地力很低的路面上时，动力传输装置才会将部分的转矩和功率传送到前轮。以电子装置控制前轮，能让车子在使用第1或第2档时，不至于将那台发动机的巨大转矩（每分钟6000转时为683牛·米）消耗殆尽。每个车轮上，每时每刻都在进行发动机转矩的处理，因为所有动力控制装置（E-Diff电子差速器、F1-Trac循迹控制系统、动力传输装置）都用得到它。

P254-255 FF尽可能不使用对典型"猎装车"来说不可或缺的突出尾翼、硕大的进气口和通风口，但车底仍维持了良好的抓地力，并且善用了较低的气流。

法拉利 458 Spider

法拉利在1971年开创了运动和赛车领域的一个先河,那就是在公路跑车上引入"后置发动机"。菲亚特在其Dino的spider和coupe车型中都使用了在马拉内罗设计的V6发动机,这样就保证了这款发动机的生产数量足以满足二级方程式赛车的认证要求并赢得欧洲冠军。之前的V6发动机让法拉利在1961年赢得了F1世界冠军,但在F2中就没那么幸运了,它没能超越采用科斯沃斯(Cosworth)DFV 4发动机的英国单座赛车,法拉利的发动机多年来一直统治着F1的赛场。在大型GT车中,后置发动机的布局似乎不再像以前那样受人膜拜,而在中小型汽车中,它仍在流行。这么看来,这辆458仍然是1972年第一辆"将一切放在后面"车型的继承者。这辆敞篷车,依旧是由宾尼法利纳设计并在车体上留下了签名。这辆从它的前辈那里继承下来的优势,比如绝佳的操控性,使它能在某些"战场"上与其他车辆展开竞争,而极具个性的发动机为这一切提供了保证。2011年秋天诞生的458具有一些有趣的数据:功率输出为570马力,整备质量为1535千克。比上一款Berlinetta车型轻了150千克。它保留了双叉臂前悬架和铝制框架结构的车身,后部采用了精致的多连杆悬架,并配有防倾杆和电子调节减振器。齿轮齿条转向器采用伺服控制,并配有20英寸轮胎以及四个Brembo碳陶瓷通风盘式制动器,前部直径为398毫米,后部直径为360毫米。

这种精致的机械布局,以及法拉利试车手在赛道和道路上进行的试验,确保

忠于"全部后置"

了最佳性能，即使具有如此高的性能，车辆也具有良好的安全防护。还有一款"Speciale"车型配备可输出605马力的发动机，这台发动机在6000转/分时的输出转矩为540牛·米，重量/功率比为2.13千克/马力，并拥有更大的轮胎尺寸（245/35 ZR20前轮，305/30 ZR20后轮）。从逻辑上讲，它可以提供更好的性能，车辆0—1000米的加速时间为19.4秒。

技术规格
458 SPIDER（2011年）
发动机：90°夹角的V8，采用轻合金制造
排量：4497毫升
缸径及行程：94毫米 x 81毫米
4顶置凸轮轴
带防倾杆和伸缩杆的独立悬架
可调节减振器
带伺服控制的齿轮齿条转向器
轴距：2650毫米
车长：4527毫米
车宽：1937毫米
车高：1211毫米
整备质量：1535千克
最高车速：320千米/时
0—1000米的加速时间：20.5秒

P256-257和P258-259 458 Spider是世界上第一辆配备了可伸缩硬顶的中央后置发动机的汽车，它能够提供卓越的性能、安全性和轻便性。

法拉利 F12 Berlinetta

回头望,但继续前行

20世纪70年代开始,受F1赛车的影响,越来越多的运动车型甚至公路跑车都开始采用后置发动机布局,从此驾驶人身后的发动机的功率越来越大。买方的喜好和竞争对手制造的汽车似乎表明,这条由新技术构建起来的道路已经为安装各种型号发动机的GT(Gran Turismo)车型指明了方向。各家汽车厂商也都采用了马拉内罗的这种设计方式,即使Commendatore没有热情地接受这种新时尚,但也愉快地与宾尼法利纳一起开始回归经典的设计。

在制造出拥有12个水平气缸布局、体积庞大、功率强劲的BB车型之后,就连法拉利也开始考虑回归更经典的发动机形式和更传统的布局,这将使他们能够创造出更实用、内部更宽敞的跑车。其他更传统的轿跑车(如412)仍在使用,与同时诞生的更现代的超级运动型汽车相抗衡。456是法拉利探索新道路上向市场投放的第一款车型:它于1992年发布,虽然带来了市场积极的反馈,但也使得跃马集团开始重新评估一些之前认为是理所当然的设计方案。当F12 Berlinetta在2012年首次亮相时,我们再次发现了法拉利所倡导的风格和技术模式。其功能强大且动力"随叫随到"的前置式12缸发动机,四个顶置凸轮轴、燃油直喷,输出功率为740马力,后置7档变速器和完全独立的悬架,由领先的电子系统监控主要机械状态、机件性能和驾驶人的操作,这一切组成了一套完整的安全组件。新车型的风格水准再次得到了宾尼法利纳的保证,他们当然没有忘记过去成功车型的案例,并且将经典与新趋势相结合,这些新趋势似乎对梅赛德斯、奥迪和宝马等超级运动型汽车制造商产生了影响。此外,电子控制系统能够预测和纠正这款双门跑车的任何操作异常,最高车速可达340千米/时,0—100千米/时加速时间仅需3.1秒,官方宣称平均油耗为15升/100千米,油箱容积为92升。

P260-261 和 P 262-263 法拉利 F12 Berlinetta 是马拉内罗制造的最具颠覆性的一辆V12跑车,它拥有前所未有的解决方案和空气动力学形式。

技术规格
F12 BERLINETTA（2012年）
发动机：采用轻合金制造的前置65°夹角的V12
排量：6262毫升
缸径及行程：94毫米×75.2毫米
4顶置凸轮轴
每个气缸4个气门
功率：740马力（8250转/分）
后置式7档传动带自锁差速器的变速器
空间框架，全独立悬架，防滚杆
齿轮齿条伺服转向器
轴距：2720毫米
车长：4618毫米
车宽：1942毫米
车高：1273毫米
整备质量：1630千克
最高车速：340千米/时

法拉利 LaFerrari

技术规格
LaFerrari（2014）
发动机：采用轻合金制造的中置纵向65°夹角的V12
排量：6262毫升
缸径及行程：94毫米x75.2毫米
4顶置凸轮轴、每个气缸4个气门
后置式7档传动带目锁差速器的变速器
全独立悬架，前悬架带摆动叉臂、螺旋弹簧和防倾杆，后悬架带有螺旋弹簧的多连杆、电子调节减振器和后部防倾杆
轴距：2650 毫米
车长：4702毫米
车宽：1992毫米
车高：1116毫米
净重：1255千克
最高车速：350千米/时
0—100千米/时加速时间少于3秒

法拉利具有里程碑式的首款混合动力车型在2014年日内瓦国际车展上公开亮相，它将法拉利著名的那款V12发动机（6.3升的衍生型号）与120千瓦的电动机相结合。这样的设计可以在不增加燃油消耗的情况下提高性能——实际上，这种设计与2014年国际汽联为重新振兴一级方程式而引入的新规则相类似。这辆Berlinetta实质上将马拉内罗制造的跑车带到了一个新的高度，但其本质仍没有脱离传统，并且它安装的7档变速器是参考了赛道上的单座赛车而得来的：整个动力单元(V12发动机、变速器和电动机)都位于驾驶人的

第一匹"混动"跃马

背后，从而保证了一流的性能，保证了一辆真正的超级跑车应有的实力，并确保了LaFerrari在与最具侵略性的竞争对手的竞争中处于领先地位，使其更接近一级方程式赛车。当LaFerrari加速时，963马力和700牛·米的转矩推动它达到极限，这需要驾驶人全力以赴。即使是最有经验和准备的法拉利车手也会感到惊讶。这款超级运动型街车可以让有幸拥有它的驾驶人体验超级跑车所能提供的所有惊险刺激的驾驶体验，同时还装配有类似于一级方程式赛车的KERS电动机，在某些情况下例如出弯时，可提供额外的动力输出。在这些情况下，KERS系统会提供与一级方程式赛车类似的驾驶体验——这正是法拉利公路跑车的拥有者们，一直期待得到的独家（和昂贵）极致的超级跑车的驾驶体验。LaFerrari一级方程式"血统"的进一步证明是其碳纤维车体，它的电子控制减振器，以及四个Brembo碳陶瓷通风制动盘，保证了这辆超级跑车优秀的制动性能。变速器有7个档位，方向盘后设有换档拨片，这是法拉利目前的标准配置。20英寸的轮胎即使以350千米/时的速度行驶，也可以保持良好的性能。官方标称LaFerrari的油耗为14升/100千米，这与其出色的表现相称。但价格呢？这又是一个极端。事实上，在一些市场上，它已达到150万美元。LaFerrari取代了2002年发布，具有相同的赛车概念和730马力的Enzo。对于测试它的英国记者来说，LaFerrari的性能达到了绝对的最高水平，并且在赛道测试中，它甚至击败了迈凯轮P1，虽然后者的性能并非如此强大，却拥有相同的"赛车"配置。由于其92升的油箱，LaFerrari的续驶里程为657千米。如今，我们很难想象下一代"超级法拉利"将会拥有怎样更好的表现。

P264-265 和 P266-267　这款跃马的新旗舰车型号称拥有一级方程式赛车的性能和技术。

法拉利，一则意大利传奇，作者罗贝托·波涅多（Roberto Bonetto）开篇言简意赅地讲述了法拉利的历史，随后分成7个历史时期，分别加以阐述。而作者在讲述这7个历史时期时，又着重讲述法拉利各时期生产的公路跑车。

本书使用了大量珍贵的车型图片，拍照技术精湛，突出重点，让人有身临其境的感觉，配以作者深厚的文字功底，观察事物的独到之处。可谓与君同游，获益匪浅。

Ferrari/by Roberto Bonetto /ISBN 978-88-544-0720-6
Copyright @ 2011 White Star s.r.l.
Piazzale Luigi Cadorna, 6
20123 Milan, Italy
www.whitestar.it
WS White Star Publishers® is a registered trademark property of White Star s.r.l.

All rights reserved. No part of this publication may be reproduced, stored in a retrieval system or transmitted in any form or by any means, electronic, mechanical, photocopying, recording or otherwise, without written permission from the publisher.

This title is published in China by China Machine Press with license from White Star. This edition is authorized for sale in China only, excluding Hong Kong SAR, Macao SAR and Taiwan, Unauthorized export of this edition is a violation of the Copyright Act. Violation of this Law is subject to Civil and Criminal Penalties.

本书由White Star 授权机械工业出版社在中国境内（不包括香港、澳门特别行政区及台湾地区）出版与发行。未经许可之出口，视为违反著作权法，将受法律之制裁。

北京市版权局著作权合同登记 图字：01-2017-9165号。

图书在版编目(CIP)数据

跃马传奇：法拉利经典名车鉴赏 /（意）罗贝托·波涅多（Roberto Bonetto）编著；王若冰译．
—北京：机械工业出版社，2019.12
（世界经典名车译丛）
书名原文：Ferrari
ISBN 978-7-111-64476-7

Ⅰ．①跃… Ⅱ．①罗…②王… Ⅲ．①汽车—意大利—图集 Ⅳ．① U469-64

中国版本图书馆 CIP 数据核字 (2020) 第 005956 号

机械工业出版社(北京市百万庄大街22号　邮政编码100037)
策划编辑：李 军　　　　责任编辑：李 军　丁 锋
责任校对：张 薇　潘 蕊　责任印制：张 博
北京新华印刷有限公司印刷
2020年1月第1版第1次印刷
218mm×252mm·16.75印张·2插页·503千字
标准书号：ISBN 978-7-111-64476-7
定价：128.00元

电话服务　　　　　　　网络服务
客服电话：010-88361066　机 工 官 网：www.cmpbook.com
　　　　　010-88379833　机 工 官 博：weibo.com/cmp1952
　　　　　010-68326294　金　书　网：www.golden-book.com
封底无防伪标均为盗版　　机工教育服务网：www.cmpedu.com